传世字书与出土文字研究中心资助出版

文字变易与古书通假

杨宝忠 著

河北大学出版社·保定

出 版 人：耿金龙
责任编辑：韩立霞
装帧设计：赵　谦
　　　　　王占梅
责任校对：王亚薇
责任印制：靳云飞

WENZI BIANYI YU GUSHU TONGJIA

图书在版编目（CIP）数据

文字变易与古书通假 / 杨宝忠著 . -- 保定：河北大学出版社，2019.6
ISBN 978-7-5666-1490-2

Ⅰ . ①文… Ⅱ . ①杨… Ⅲ . ①汉字 – 文字学 – 研究②通假字 – 研究 Ⅳ . ① H12

中国版本图书馆 CIP 数据核字（2019）第 108430 号

出版发行：河北大学出版社
地址：河北省保定市七一东路 2666 号　邮编：071000
电话：0312-5073033　0312-5073029
邮箱：hbdxcbs818@163.com　网址：www.hbdxcbs.com
经　　销：全国新华书店
印　　刷：保定市正大印刷有限公司
幅面尺寸：185 mm × 260 mm
印　　张：20.5
字　　数：260 千字
版　　次：2019 年 6 月第 1 版
印　　次：2019 年 6 月第 1 次印刷
书　　号：ISBN 978-7-5666-1490-2
定　　价：130.00 元

说 明

一、《文字变易与古书通假》是笔者的硕士学位论文。论文共分三部分，三部分既可统于一篇，又可各自成篇。第一部分篇幅较长，由于经费紧张、时间仓卒，未能提交答辩。本次出版的是论文全文。

二、论文经过导师黄绮先生审阅。文中字下画“·”、横线，字旁画“？”，字外画“○”，例句前画“√”，以及论文第一部分125页批语“脂部之入‘質’”“无‘声’字”“支部”10字为黄先生所加。

三、论文涉及的字形材料主要有四宗：一是汉魏碑刻材料，来源于顾南原《隶辨》，文中引用称“某碑”“某铭”“某颂”者属此；二是银雀山汉简材料，来源于吴九龙《银雀山汉简释文》，文中引用称原简序号“1045”“0914”者属此；三是马王堆汉墓出土帛书材料，来源于马王堆汉墓帛书整理小组编的《老子》《战国纵横家书》等，文中引用称“甲本”“乙本”（《老子》甲本、乙本）、“古佚书”、《战国纵横家书》者属此；四是《史记》《汉书》异文材料，来源于宋代娄机的《班马字类》，文中引用省称《字类》。

杨宝忠

2018年10月

目录

论文提要

論文提要※

本文从汉字发展演变的规律出发，試图说明假借只有本无其字的假借，而已有其字的假借并不存在。

全文共分三个部分：一：同字异形成因初探；二：同形异字与古書通假；三："既有其字之假借"不為假借说。

第一部分主要分析、論证了[illegible]的汉字发展演变的规律，指出同字异形（即异体字）的产生主要有六种原因。一曰加旁，加旁又可分為涉义加旁与涉上下文加旁两种。字有本為象形、指事、会意者，以其文言某事也，因加某旁；亦有本為形声者，以其文言某事，复加某旁，此之谓涉义加旁。如柳敏碑："天愤鲠口"，"愤"

第　　页

本作资，碑作"偾"者，以天资本谓天赋、天性也。字有本不从心，以其上下文用字从心也，因加心旁，是谓涉上下文加旁。如娄机《班马字类》引《汉书·鲍宣传》："白虹虷日"。"虷"本作"干"，《汉书》作"虷"，涉上虹字而加旁也，曹全碑："圣主諮諏"，"諮"本但作"咨"，碑作"諮"者，涉下"諏"字加旁也。二曰易旁：偏旁变易之因亦可分为涉义易旁与涉上下文易旁两种。如：斥彰长田君断碑："史见劳醩⿰酉高"劳⿰酉高字本作"槀"，或作"槁"，此作"⿰酉高"者，涉义易旁也。祝睦后碑："践跎州郡"。"跎"依《说文》当作"陀"，此作"跎"者，涉上践字而易旁也。袁良碑："父子同升而无⿰土睘堵"。"⿰土睘"字本从玉作，碑变从土者，以下"堵"字从土也。三曰增旁：增旁兼赅两种，一曰偏旁涌累，

第　页

一曰筆畫省減。汉字形声字居多，形声字省略形旁之后，则与声符同形。如帛书《老子》："矦王自胃孤寡不穀"。"胃"依义当作"謂"，从言、胃声。"言"旁省略，则与腸胃字同形矣。此种省旁字詳見論文第二部分。筆画省減者，谓一字之中，或省一筆、数筆，或省形旁之一部分。孔耽神祠碑："縣東家巷"。"巷"字《说文》篆文作"䢽"，碑作"巷"者，从邑省也。四曰声符变易。声符变易有省声、易声、讹声、声符增繁数种，分述如下：声符简化，谓之省声，省声有仍能标明形声字之读音者，有些将省声还原不能标明形声字之读音者。張納功德叙："丕顕其光"。"顕"本作"顯"，碑作"顕"者，从㬎省声也，此不将"显"还原为"㬎"，则不能标明"顯"字之音讀者也。古佚書："材

20×15=300　　河北大学函授部稿纸

第　　页

聚海内之衆。"海"本作"海"，帛书作"海"，从每省声也。此种省声与未省之声同声，因而省声仍能标明形声字之音读。字本从甲声而易从乙声者，谓之易声。灵台碑阴："遵柜蹈规"。"蹈"本作"蹈"，从足、舀声。碑作"蹈"者，易从匋声也。益声者，加注声符之谓也。益声有本为象形会意而加注声符者，有本为形声字而易形为声者，有本为形声字而变一声为二声者。帛书《老子》甲本："幽呵鸣呵"。"幽"本作"幽"从丝、从火（小篆讹从山），会意。帛书作"幽"，加注"汓"聲也。銀雀山汉简："以茅薋之室成……"。"薋"本作"茨"，从艸，次声。汉简作"薋"者，变次声为朿声、次省声也。田君断碑："討馘畔虜"。"馘"字《说文》作"聝"从耳，或声；经传多作"馘"，从首，或声。碑

第　页

作"聝"者，变从耳（或从首）为从國声也。形声字本从甲声，因形近而变从乙声，然甲、乙之声远隔也，是谓误声。银雀山汉简："审闗籥"。"闗"本当作"關"，从門，𢇍声，汉简作"闗"者，𢇍、䜌形近，因误从䜌声也。五曰异构。本文所論异构，包括文字结构变易、形声字形与声俱易、偏旁易位三种。一字之构造本属六书之此书也，变为他书者，是谓结构变易。吴仲山碑"未尝闚城"。"闚"本作"闚"，从門、規声，於六书為形声。碑作"闚"者，从視、从門，会意。此变形声為会意者也。《老子》甲本："和其光、同其塵"。"塵"字《说文》作"𪋻"，从麤，从土，会意。帛书作"𡎺"者，从土，㐱声。此会意变為形声者也。古佚书："嬰=於蜚"。"蜚"毛詩作"飛"，"飛"本象張

第　　页

翼之形，帛书作"翡"，从羽、非声，此变象形为形声者也。形声俱易者如张寿碑："⿰甚見々虎视"《说文》"⿰甚見"字作"眈"，从目、冘声。碑作"⿰甚見"者，变从目为从見，易冘声为甚声也。偏旁易位者如：汉镜铭："作佳镜哉真大⿰子女。""⿰子女"即"好"字，镜铭作"⿰子女"，子、女互易其位也。

六曰同化。两字或多字偏旁、笔画本不相同，此偏旁与彼偏旁义亦不通，因为隶变，使得此偏旁与彼偏旁形体近似，因之此偏旁同彼偏旁，此之谓同化。张迁碑："阳气厥⿰木片"。"⿰木片"即析字，"析"本从斤，隶体"片""斤"形近，故汉碑从斤、从片多通作也。孔耽神祠碑"新"字作"⿰亲片"，与张迁碑皆变"斤"为"片"也。孔龢碑阴"牒"字作"⿰斤枼"，羊窦道碑同，此二碑变从片为从斤者，亦由形近而同化也。由此可知，

20×15=300　　　河北大学函授部稿纸

第　　页

文字变易不徒受语言因素之影响，亦為文字自身因素所影响也。

第二部分是关於黄侃之論同形异字。夫文字变易，产生异体。汉字异体既多，其势有不得不同形者。异体与已有之字形体相同而意义无涉者，是曰同形异字。汉字僅点横竖直而為之形，限於笔画而无可变易，遂致异字而同形，此其一也。文字肖見万物而生，万物之中，其形、其意有相同、相似者，取象相同或相似，遂致异字而同形，此其二也。此外，同形异字更為常見者，是由文字变易所致。前人於同形异字槩谓之叚借，其说多有可商，因詳論同形异字不為叚借於文中。同字异形与同形异字俱由变易所致，变易之途无以异也。唯"同字异形或因初探"中有"同化"一类，而此无之，是因"同化"产生同形之例不经见而未录也。鲁峻碑阴"平原股"，《汉书·地理志》"股"作"般"。隶书舟、月形近，故汉碑中从舟诸字多变从月。若"服"、"前"、"朝"、"船"小篆俱从舟作，而汉碑多易从月。"般"之作"股"，亦此类也。碑变"般"从月，遂与股肱字同形矣。此同化产生同形之一例也。

第三部分旨在說明假借唯有本无其字之假借，而已有其字或形近而讹者，不得與於假借之列。該部分共分七个方面，一：許慎、鄭玄說假借俱以"本无其字"者为限，而已有其字与形近而讹者不与焉，此为本文立论之依据。二：指出辨别本字与否當以字形为主，《说文》可作参考，但不可尽据。《說文》所以成为研究文字学之经典著作，是因为鄭君既熟諳经典，

第　　页

説解又自字形分析入手也。虽然，小篆去文字之初已遠，字体多有譌变，字义多有迁迻，鄭君據小篆说解文字，拘於譌形，囿於今义，说解形、义多有不當者。因此，辨别本字与否並以《说文》之方法，而不可尽据其成说也。三、四、五、六：指出同形异字、古今字、形近之误、声之近误不為假借，而前人所谓"已有其字"之假借中多有同形异字者，古今字者、形近之误者、声近之误者。七：指出"已有其字"假借说之成因大要有如下四种：一曰误解鄭君"倉卒无其字"之语。二曰拘泥《说文》，不知通变。三曰為圣人讳，以古之经传為古圣先賢之述作，出於尊圣之心，遂将古书声误、形误之字蒙以假借之名。四曰小学不修，不达造字之旨。

第　　页

※此論文共分三部，三部既可统於一篇，又可各自成篇。第一部篇幅最长（约占全文二分之一），以经费紧张、時间倉卒，未能複印。

※論文初拟校理《说文》，内容涉及《说文》説解、体例及文字理论诸方面，以时间紧迫，中途辍止。临時改作此题，自始读书材料至写成此篇论文，总共费時三月。文章随意写来，未及修改、謄录，不免結构松散、文白夹杂。

20×15＝300　　河北大学函授部稿纸

第一部分

同字异形成因初探

第　　页

~~漢隸用字考~~

~~一、兼論同形異字與異字同形~~

《汉書·艺文志》云："〔秦〕時始造隶書矣，起於官獄多事，苟趋省易，施之於徒隶也。"許慎《說文解字·叙》亦云："是時秦燒灭經書，滌除旧典，大發隶卒，兴戍役，官獄職務繁，初有隶書，以趣约易。"卫恒《四体書势》又云："秦既用篆，奏事繁多，篆字难成，即令隶人佐書曰隶字，汉因行之。独符印璽幡信題署用篆。隶書者，篆之捷也。"唐兰《中国文字学》評此三家之說曰："三家都說由於官獄多事，纔建隶書，这是倒果為因；实际是民間已通行的書体，官獄事繁，就不得不採用罢了。卫恒說'隶者篆之捷也'，倒是很恰當的。"唐先生此說是也。

20×15=300　　河北大学函授部稿纸

第　　页

隶書既為"苟趋约易"，因变篆体之笔意而為笔势，变篆体之以曲线為主而為隶体之以平直為主；又以隸書兴於民間，字体未经规范，故人各為字，苟趣簡易耳，至一字之体多至数十。林罕《字原偏旁小說序》論汉隶用字之纷杂曰："書之所兴，莫定何代；隶之所起，始自秦時。篆者取其篆之形，隶書便徒隶之用。篆雖一体而隶变数般，篆隶既兴，而譌舛相错，非究於篆無由晓隶。隶有不抛篆者，有全违篆者，有减篆者、添篆者，有篆隶同文者。"若细研汉隶，其繁杂异体，更有甚於此。

汉字由点画偏旁构成，一字有一字之点画偏旁，若变易其点画偏旁，便形成异体。汉隶异体既多，其异体有与已有之字无涉者，亦有与已有之字偶同者。一字数形，音义不变，是謂

第　　　页

同字异形；字经变易，有与已有之字形体偶同者，其形体虽同，然意义无涉，此种现象，謂之同形异字。若"⿰歹周"之与"淍"、"塗"之与"涂"，同字异形也；机案之"机"与机木之"机"、"埤湿"之"埤"与"埤益"之"埤"，同形异字者也。前人說同形异字，每多斥為假借，其說多有可疑。字经变易，异体与已有之字无涉乃謂之异体，异体若与已有之字偶同，便謂之段借，同是变易也，一謂异体，一謂段借，此一可疑也；書者非皆治文字者也，已有之字，一人岂可遍識，且异体与已有之字偶同者多為冷僻之字。若几案書作机，与机木偶同，机木之机不经見也。書者写几為机，固不知已有机木作机也。即使知之，亦必以其不经見（或成死字）而不避同也。說者指為段借，它与書者

第　　页

之意合乎？此再可疑者也。當文字尚少之時也，書者不得不借用已有之字以表意达情；及文字之备也，書者何必舍本字而借他字以淆人耳目哉，此可疑者三也。今民間書"街"作"亍"，書"酒"作"氿"，而《説文》中固已有"亍"、"氿"字矣。《彳部》："亍，步止也，从反彳，讀若畜。"《水部》："氿，水厓枯土也。从水、九声。《尔雅》曰：水醮曰氿。"是也。若謂今之"酒"字乃借《说文》之"氿"，今之"街"字用借《説文》之"亍"，必為学者所笑矣。古人用字，有似於此也。以今证古，假借之説益可疑矣。

今将汉隶中异体字产生之因分為六科，曰加旁、曰易旁、曰省旁、曰异构、曰同化、曰其他。科中复有细目存焉。文中所列异体，皆

第　　页

可視為同形异字。其异体有与已有之字偶同者，本文皆視此异体与已有之字同形者為同形异字，並於各該条詳論其所已同之因及段借說之误。

第　页

一　加旁

汉隶加旁，缘有二科。一曰涉義加旁，一曰涉上下文加旁。德清俞氏《古書疑義舉例》第七九例曰"文隨義变而加偏旁"，即本文所謂涉義加旁也；其第八十例曰"字因上下相涉而加偏旁"，即本文所谓涉上下文加旁也。俞氏所論，至善至要矣。其所舉之例，寔發文字所由孳乳变易之凡，非特爲校勘学永世不栞之论也。

文字加旁，代有製作。譬如"正"字，甲骨作"[illegible]"（后上一六、八）。其字从口，从止，征行之義也。（《说文、正部》云："正，是也。从一，一目止。"非初形、初義）。以其為征行之義也，故从彳作"[illegible]"（续一、三、二）。逮及有周，復施止作"[illegible]"（曩伯盨）。又如"也"

20×15=300　　河北大学函授部稿纸

字，金文作"[illegible]"（郑伯匜），本象盥器之形。（《说文·乁部》："也，女阴也。从乁，象形，乁亦聲。"非是）。以其為盥器也，故加匚作匜。

又如"景"字，日光也。形影字本當作此。《顏氏家训、書證篇》曰："凡阴景者，因光而生，故即為景。淮南子呼為景柱；广雅云：晷柱挂景，竝是也。至晉世葛洪字苑，旁始加彡，音於景反。而世間輒改治尚書、周礼、庄、孟，从葛洪字，甚為失矣。"徐铉《新修说文字义》云："影者，光景之類也，合通用景。非毛髮藻飾之事，不當从彡。"按，景之作影，以形景常為连文也。形字从彡，故景旁亦施彡也。又如"叵耐"，不可奈何也。叵字本从反可。而明清小说，已从"寸"作尀矣。其所以"叵"旁益"寸"，亦由"叵耐"连文也。

第　　页

曲園舉例，仅据先秦古籍；其於汉隶，则未之及也。且其举例，亦屬寥寥。今刺取俞氏之意，复論汉隶加旁字如下。

一、涉義加旁

字有本為象形、指事、會意者，以其文義為厶之屬，因加厶旁；亦有本為形声者，以其文義為厶之屬，復加厶旁，此之謂涉義加旁也。如：

⿰歹凶：三公山碑：攘去寇⿰歹凶。顧南原云：《廣韻》：⿰歹凶，古文凶字。《字原》释為訩，非也。《詩·思齐》笺曰："其将无有⿰歹凶禍"。《释文》云："⿰歹凶音凶，本亦作凶"。《汉書·艺文志》："星事⿰歹凶悍"，師古曰："⿰歹凶读与凶同"。又樊敏碑："来丕⿰歹凶痝"。冀州从事郭君碑：降此⿰歹凶畄。凶亦作⿰歹凶。

按："⿰歹凶"字不見金甲文，《说文》亦不载。其字本作"凶"。《说文》："凶，恶也，象地穿

20×15=300　　河北大学函授部稿纸

第　　页

文陷其中也。”《尔雅、释言》：“凶，咎也。”《書洪範》：“一曰凶短折”《洪範五行传》注：“未龀曰凶。”又《说文、歺部》：“歺，列骨之残也。”凡死、病之属皆从歺作。“凶”為“未龀”而死，為凶咎，故加“歺”旁也。

⿰忄資：柳敏碑：天⿰忄資鲠口。娄機《字原》云：“义作資。”顧南原云：“字書无⿰忄資字，仅見此碑”。

按：“天⿰忄資”之“⿰忄資”本作“資”。《史记、商君傳贊》：“商君天資刻薄人也”。索隐：谓天資其人為刻薄之行。”《魏志、文帝丕传评》：“文帝天资文藻，下筆成章。”《吴志、孙权传》：惟君天资忠亮。”《淮南子、精神篇》：“随其天資而安之不極。”注：“資，時也，一曰性也。”天資本謂天賦、天性，故碑加心旁作“⿰忄資”。

20×15＝300　　河北大学函授部稿纸

第　　页

⿺辶幾：費鳳別碑：庶⿺辶幾昔子夏。洪适《隸釋》云："以⿺辶幾為幾"。顧南原云："《玉篇》：⿺辶幾，居依切，走也。其字从走，从辶者不見字書。"

按："庶⿺辶幾"古籍但作"庶幾"。《孟子·梁惠王下》："王之好樂甚，则齐国其庶幾乎？"《文选·吴质〈答东阿王書〉》："非鄙人之所庶幾也。"善注："周易曰：颜氏之子，其殆庶幾乎？"翰注："庶幾，近也。"《庄子·人間世》："庶幾其国有瘳乎？"疏："庶，冀也；幾，近也。"他碑亦作庶幾，如：高彪碑：庶幾乎仁义之道。孔霆碑潭潭庶幾，是也。此碑獨作"⿺辶幾"者，涉庶⿺辶幾為近，追及之義而加"辶"旁也。

墟：张平子碑：翦其墟落。又云：逍遥故墟。《隶释》云："张平子碑，晋南阳相夏

20×15=300　　河北大学函授部稿纸

袁湛所作。有姓名書之碑側。蓋自汉以后虛始為墟，猶形景為影，本乎稚川也"。

按："墟"字不見《說文》，字本作"虛"《說文·丘部》："虛，大丘也。昆侖丘謂之昆侖虛"。段玉裁曰："虛者，今之墟字；猶昆侖今之崑崙字也"。段說是也。墟、崑崙皆屬后起涉義加旁字。《左传·昭公十七年傳》："宋大辰之虛也"。疏："虛者，旧居之處也"。《詩·鄘風·定之方中》："昇彼虛矣"。《釋文》云："虛，亦作墟"。《荀子》"虛殷周"。杨倞注曰："虛读為墟皆以今字讀之也。汉碑若華山廟碑、张遷碑及魏上尊號奏"墟"字皆作"虛"，无作"墟"者。至晉代张平子碑"虛"字始从土作矣。又《風俗通義·山澤·墟》："謹按《尚書》：舜生姚墟。传曰：郭氏之墟。墟者，虛也。郭氏，古之诸侯。善々不能用，恶々不能去。故善人怨焉，恶人存焉。是以败為丘墟也。今故庐居處高下者亦名為墟”。本此，则应劭所见《尚書》及傳固已作墟矣。是虚字施土，起自汉代，张平子碑作墟，有所本也。

塗：李翊夫人碑：泣露泥塗。史晨后碑：作屋塗色。

按，“塗”字不见《说文》，字本作涂。《说文·水部》：“涂，涂水。出益州牧靡南山，西北入渑。从水，余聲”。段玉裁曰：“古道塗、塗塈字皆作涂”。徐鍇曰：“《周禮》塗路字作涂，古无塗字”。《周礼·司险》：“五沟五涂”。注：“五涂，径、畛、涂、道、路也”。《禮记·王制》“士遇之涂”。《尔雅·释丘》：“堂涂梧邱”。《汉書·礼乐志》：“大朱涂廣”。師古曰：“涂，道路也”。

刘熙《释名》："涂，度也。人所由得通度也"。此古籍途路字仅作涂之证也。汉碑亦有作"涂"者。周憬功銘勳："行旅语於涂路"。又郯令景君銘："假涂郯口"。此其例也。而李翊夫人碑"涂"字作"塗"者，涉文义而加土也。后又变作"途"以涂表道路，故以辵易水也。史晨后碑"作屋塗色"。此用为"塗墍"字也。古亦但作"涂"。《说文·木部》："杇，所㠯涂也"。段注："涂塗古今字。涂者，飾墻也。《土部》曰："墐，涂也"。墍，仰涂也。墀，涂地也"。诸塗墍字皆但作涂，此碑从土作者，亦涉文义而加旁也。

㙾。費鳳别碑：㙾而不缁。

按："㙾"字说文不見。《玉篇》："㙾，㙾塗也。"《廣韵》："㙾，俗泥字"。"㙾而不缁"语出《論語》。《陽貨篇》："不曰坚乎？磨而不磷；

不曰白乎：涅而不缁。”《说文·水部》：“涅，黑土在水中者也。从水、从土、日声。”《广雅·释诂三》：“滓、涅、塗，泥也。”王念孙曰：《释器》：“涅，黑也。”王念孙曰：“〔涅〕字通作泥，《史记·屈原传》：皭然泥而不滓者也。索隐：泥，音涅；滓，音缁。《洪範》正義引《荀子》：白沙在涅，与之俱黑。《大戴禮·曾子制言篇》涅作泥。”然则碑文“埿而不缁”即《论语》之“涅而不缁”，亦即《屈原傳》之“泥而不滓”也。碑所以从土作“埿”者，以其義为黑土也。在水中者也。

悢　柳敏碑：呜呼悢哉。益州太守无名碑：呜呼悢哉。樊敏碑：歍嚱悢哉。仲秋下旬碑：歍歔悢哉。平輿令薛君碑：悢悢士儁。李翊碑：悢松柏而憔悴。

第　　页

按："⿰忄哀"字不見《説文》，其字古籍皆作"哀"。《説文・口部》："哀，閔也。从口，衣聲"。《廣雅・釋詁二》："哀，痛也"，《釋訓》："哀哀，悲也"。汉碑多作"⿰忄哀"者，涉义而加"心"旁也。

⿰彡矣　高彪碑：⿰彡矣期朝莫。顧南原云："即竢字。"

按：顧氏谓"⿰彡矣"即"竢"字，是也。《説文・立部》："竢，待也。从立，矣声。""竢"字非毛髮畫飾之类而从彡者，涉与䇓字同义而误施彡旁也。《説文・立部》："䇓，立而待也，从立，須声。""竢""䇓"皆训待，因误書竢字作⿰彡矣矣。

⿱艹犁蒸　校官碑：惠我⿱艹犁蒸。《隶释》云："以⿱艹犁为黎。"

20×15＝300　　河北大学函授部稿纸

第　页

按："犂蒸"本但作"黎烝"。《尔雅·释诂》："黎庶烝多……众也。"郝氏云："黎庶者，民之众也……烝者，氣之衆也。"《说文》云："烝，火氣上行也。"《春秋繁露》云："毕熟故烝，烝言衆也。""黎""烝"皆训衆，二字为同义复词。《汉書·司馬相如传》："飞陽星見，觉悟黎烝。"師古曰："黎烝，衆庶也。""黎"字训衆，或書作"犂"，形近也。三公山碑"群犂百姓"，脩华岳碑"犂民時雝"是也。汉人民氓字多写作"萌"，《说文·民部》："民，衆萌也。"段注："古谓民曰萌，汉人所用不可枚数，今周礼以兴耡利甿，许《耒部》引以兴耡利萌。"楊震碑"凡百黎萌"，顧引《集韵》曰："氓通作萌。"《史记·周本紀》："以振贫穷萌隶。"《乐毅传》："施及乎萌隶。"《汉書·刘向传》："民萌何以戒勉。"《酷吏传》

20×15＝300　　河北大学函授部稿纸

第　　页

"萌蘖於吏。"《管子》："其人力同而宫室美者，良萌也。"并与萌通。"蓁蒸"之从艸作与氓字作萌同义，皆以黎民处居艸野而从艸作也。

𥡴阝 汉新莽铜量铭，𥡴阝当前人。

按："𥡴阝"字不见字书，字当作"稽稽"，详铭文之义，稽谓考也、察也，与邑字无关，此从邑作𥡴阝者，因"稽"或用为會稽字也。自周代中晚期"邑"字抽象为地名之符号，凡地名用字，几无不从邑作者矣。会稽本地名，故稽字亦从邑作也。"𥡴阝"既为地名用字，铭文复用作稽察字也。

渘 北海相景君铭"实渘实刚"。又韩敕后碑："土渘异人"。魏元丕碑："既膺渘德"。顾氏云："《类篇》：渘，水名。《字原》云：汉碑多以渘为柔。"

第　　页

按：银雀山汉简柔字亦多从水作，如："凡暂＝（斩）刚大刚光風皆利為客，生渘弱風……（0904）"是也。《说文》不收"渘"字，传世古籍刚柔字但作柔，汉碑、汉简从水作者，盖受老子思想影响也。老子曰："天下莫柔弱於水，而攻坚强者莫之能胜。"

揨　議郎元賓碑：退不枉尺直揨。华山亭碑：斷度揨廓，立室异处。

按："揨"字《说文》作"㝷"。云："度人两臂為㝷，八尺也。"经传皆从省作尋。此二碑作"揨"者，盖以其為人两臂之長度而从手也。

儛　脩华岳碑：鳥兽率儛。顧云："《廣韵》儛与舞同。《国语》：乐及偏儛。《庄子·在宥篇》：鼓歌以儛之。《楚辞·九叹》：丘陵翔儛。又孫叔敖碑阴，倡优鼓儛。舞皆

第　　　页

作儛。"

按："儛"字不見《說文》，乃后起加旁字，其字初本作"無"。甲文無字作""（粹一三一二）金文作"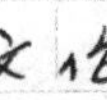（井侯毁）"象双手执"木"、"采"以舞也。自無字借為有無字也，因製舞字，篆作"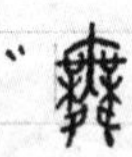"象手舞足蹈之形。舞本人体动作，故碑及古書或从人作也。

镹　楊著碑阴，勃海高文镹。顧云："《廣韻》镹，长也。通作久。"

按："镹"字古書但作"久"，"久"者，長也，因涉字義久旁施長。

第　　页

蹬，蔡湛碑：功蹬王府。《集韵》："登或从足作蹬。"

按：《說文》无"蹬"字，義當作登。《說文·癶部》："登，上車也。从癶，豆，象登車形。"甲文"登"字作"（铁三八、四）"，象双手捧豆上举之形，变作"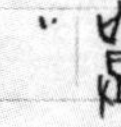（前五、二、一）"，从"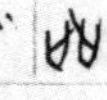"者，以示上昇之義也。《說文》解作上車，象登車形，均不确。"登"字本象双手捧豆上举之義，故《尔雅·释詁》曰："登，陞也。"碑文"功蹬王府"正用陞義，其所以从足者，涉義加旁也。《廣雅》始收"蹬"字，曰："蹬，履也。"王念孫曰："登、蹬聲相近。"王氏以聲近通之，非是。"蹬"即"登"之后起加旁字也。

俵，老廟碑：俵著爥銘。又：俵著孟府君美勋於陽。《隶释》云："假借為表。"顧南原

第　　　　页

引《玉篇》曰："俵，散也。"

按：《説文》无"俵"字。"俵著"者，表彰之義也，合當用"表"。碑文作"俵"，以其所言乃人事也，故加人旁。

境：张平子碑：自涉境以经考诸邑。顾南原云："经史境本作竟，竟尽之竟即用為疆竟之竟。后人乃别加土以為疆竟字，不可改正。"

按："竟"字碑文指边界，与土地有关，因"竟"旁施土。

慟：武荣碑：慟乎我君。鳳貴碑：慟号切惻。吴仲山碑：感慟奈何。李翊夫人碑：慟感路人。

按："慟"謂悲痛，字本作痛，《説文》无"慟"字。碑文痛字从心作者，涉文義而加旁也。又

20×15＝300　　　　河北大学函授部稿纸

吴仲山碑"臧癔"作"臧"，其左边两笔，涉下"癔"字而加也。

镆铘，郭究碑：破镆铘之刃。

按："镆铘"二字不見甲文、金文。《说文·金部》有之，作"镆釾"。《史记·贾谊傳》："莫邪為顿兮，鉛刀為銛。"《集解》：应劭曰："莫邪，吴大夫也，作宝剑，因以冠名。"《吴越春秋·闔閭内传》云："干将者，吴人也，莫邪，干将之妻也。干将作剑，金铁之精不銷，莫邪乃斷髮翦爪，投於鑪中，金铁乃濡，遂以成剑。阳曰干将，阴曰莫邪。"《越绝外傳·記宝剑篇》云："吴有干将，越有欧冶子。"此三说虽小异，然皆以干将、莫邪為人名，劍以匠師而得名，则镆铘本当作莫邪也，后人乃以其用剑名而加金旁也。《說文》已收"镆釾（釾同铘）"二字

第　　页

不知秦篆固有此二篆乎，抑許慎采汉隸以入说文者也。碑作“鏷鄉”，盖有所本。

⿰王崇　韩勑两侧题名　丁⿰王崇字叔举。顾南原云、元极山碑：岱崇之松，以岱宗为岱崇。宗与崇或通用，碑亦变宗从崇也。

按：“⿰王崇”字不見《说文》及后世字書。以其字叔举推之，⿰王崇字當即崇字。举、崇義正相因。人名而加玉者，取其美也。孔宙碑阴：“张琦字子异。”亦“奇”旁施玉也。

⿰王度、曹全碑阴：故市掾王⿰王度季晦。

按：“⿰王度”即度字。讀為揣度。事所以揣度者，以不明也。故王⿰王度字季晦也。“度”旁施玉，与上⿰王崇字同義。

偵：馮江碑：夫人寬向曹代，終温淑偵，咸曰女師。”顾南原云：《禮记、缁衣》引《易》恒其德貞作恒其德偵，其字从人。碑又从心，未详所出。

按："淑愤"即淑贞。终温淑贞言夫人之品性，故涉文义而加心也。《礼记》引《易》"恒其德贞"，"贞"作"侦"者，亦以"贞"涉人事而加旁也。

⿰犭鬼犿⿰犭凶獫：见益州太守无名碑。顾氏曰：⿰犭鬼犿⿰犭凶獫疑即鬼方凶猃，各加犬旁，未详所出。

按：⿰犭鬼犿⿰犭凶三字不见字书。《说文·犬部》有"獫"字，释作"长喙犬也，一曰黑犬黄头"。碑文於此二义无取。"⿰犭鬼犿⿰犭凶獫"当即鬼方凶险。鬼方之作"⿰犭鬼犿"，犹古代北方民族曰狄，西方少数民族曰犬戎，曰猃狁也。少数民族字而从犬作者，盖视其野蛮不为人类也。"凶险"之作"⿰犭凶獫"，亦涉文义而加另偏旁也。

第　　页

⿺辶瑕：斥彰長田君斷碑："⿺辶瑕尒口口"。《隸辨》曰："碑復加辵，合瑕遐為一字"。

按："⿺辶瑕"字不見《說文》，即"瑕"字之加旁字也。《說文·玉部》："瑕，玉小赤也"。古書及漢碑或用為遐遠字。《詩·泉水》："不瑕有害"傳曰："瑕，遠也"。景北海碑陰"魂灵瑕显"。洪适《隸續》云："以瑕為遐"。顧云："《詩·邶風》不瑕有害，傳云：瑕，遠也。《禮記·表記》心乎忧矣，瑕不謂矣。《詩》本作遐。瑕与遐古蓋通用"。"瑕"字用為遐遠義，以其言遠近也，故瑕旁施辵。顧氏以為"合瑕、遐為一字"，非是。"瑕"之作"⿺辶瑕"猶"假"之作"⿺辶假"也。"假"字古用亦為遐尒字，因涉文義"假"旁施"辵"。侯成碑"於是⿺辶假迩士仁"，此其例也。顧云"合假遐為一字"，亦非。

20×15＝300　　河北大学函授部稿纸

第　　页

疆　馬王堆汉墓老子帛書甲本（已下簡称甲本）：其出也疆远。

按：《说文》无疆字，经传疆字但作彊，此从土作者，盖谓路途遥远也。

徕　娄机《班马字类》（已下简称《字类》）《汉書、武帝紀》：氐羌徕服。古往来字。

按：往来字经传但作来，此作徕者，涉义而加彳旁也。（来本來麰字，往来字当作麥，說見下文涉上文加旁中）

俫　《字类》：《汉書、董仲舒传》：绥之斯俫。古来字。李伯曾《補遺》：《功臣表》徐方既俫。《地理志》：西頃因桓是俫。

按：往俫字经传但作来，此来字从人作者，以其言人来也。

[illegible]　《字类》：《汉書、李广传》：数与虜

20×15＝300　　河北大学函授部稿纸

第　　页

⿰牜角。音角。

按："⿰牜角"依文義当作角，谓角斗也。"角"本象牛角之形，此作"⿰牜角"者，涉义加旁也。

⿱亂皿《战国纵横家書》：之武，則口口口如不口梁中必⿱亂皿。

按："⿱亂皿"字字書不見，依文義当即亂字。亂字而从皿作者，蓋以蠱乱义近也。蠱字从皿，因於亂下施皿矣。

⿰糹管《战国纵横家書》：⿰糹管子之请，贵循也，非以自為也。注：⿰糹管当是綰字的异体，此处借作管。

按：注非是。⿰糹管即管字。以管弦皆指乐器也，弦从字糸（帛書及汉碑弦字多作絃），故管字亦加糸旁。

20×15=300　　河北大学函授部稿纸

第　页

1. 涉上加字。

懃　韩勑碑：慇懃宅庙。

按：《说文·心部》有"慇"无"懃"。"慇懃"字古但作"殷勤"。《诗·周南·卷耳》笺云："此章为意不尽申殷勤也"。《释文》云："殷勤並如字，俗本下並加心，非也"。《汉書·邹阳传》："慈仁殷勤，诚加於心"。又《司马迁傳·报任安書》："未尝衔杯酒接殷勤之歡"。"殷勤"乃叠韵謰语，情意恳切之義也。后人涉義"殷"下施心作"慇勤"。如《韩诗外传》五："有慇勤之意者好丽，丘是以知文王之操也"。《史记·邹阳傳》"慈仁慇勤"。张公神碑："悃愊慇勤"。又孔宙碑："忠告慇勤"。"殷"均作"慇"，因收入《说文》。"殷勤"涉文義而作"慇勤"，"勤"字复涉"慇"字而加心。韩勑碑"慇懃

20×15=300　　河北大学函授部稿纸

第 页

宗庙"，字已作"慇懃"。《联绵字典》引翟云升曰："《说文》：慇，痛也。经典慇通用殷，碑则殷通用慇，而勤字作懃以配之"。《楚辞·七谏序》："慇懃之意，忠厚之节也"。《文选·司马迁报任安书》："未尝衔盃酒，接慇懃之馀欢"。"慇勤"亦作"慇懃"。

⿺辶從，杨著碑：追⿺辶從曾参，继迹乐正。《隶释》云："⿺辶從即蹤字"。《隶辨》云："《类篇》⿺辶從，缓步也。乃借⿺辶從为蹤，非即蹤字也"。

按"⿺辶從"字不见《说文》，其字乃由"从"字孳乳变易而来。"从"字甲文作"[illegible]（铁一〇九、二）"象追随、随从之意。金文或作"⿺辶從（麦鼎）"，涉义而加辵旁也。"从"、"從"本同字。《说文》分为二，"从，相听也"。"從，随行也"。"從"本追随、随从之义，引申为追从，從迹。《史记·

20×15=300 河北大学函授部稿纸

第　页

刺客列传》："士固為知己者死，今乃以妾尚在之故，重自刑以绝從。"索隐云："從音蹤，古字少，假借无旁足。""從"、"蹤"古今字，非假借也。《汉書·淮南王安传》："從迹连王，王使人候司。"又《张汤传》："上問：变事從迹安起？"注並云："從，读曰蹤。"此皆"從"字用作"從迹"之记也。"從"為"從迹"之義，自"從"字之用渐廣也，因多加足旁作"蹤"。费凤碑：吏民慕高蹤。唐扶頌：見缵像之高蹤。或作"䡮"。《说文·車部》："䡮，車迹也。从車，從省声。"段玉裁曰："䡮，古字衹作從。《羔羊》傳曰：'委蛇委蛇，行可從迹也。《君子偕老》傳曰：委委，行可委曲從迹也。俗变為蹤，再变為踪，固不若用許書䡮字矣。""䡮"字《廣雅·释诂三》作"䡮，迹也"。字从從，不省。"蹤"、"䡮"皆"從"

20×15=300　　河北大学函授部稿纸

第 页

之后起加旁字。重其為足迹也，因"從"旁施足。重其為車迹也，因"從"旁益車。楊著碑"追蹤"作"𨗽"者，涉上"追"字与下"迹"字而复加"辵"旁也（從本从辵）。《隶释》云："𨗽即蹤字"，是也，《隶辨》以為"𨗽"乃借為蹤字，非也。至夏承碑"紹𨗽先軌"，"從（蹤）"字作"𨗽"，亦屬涉上加旁之例也。

琦 脩華岳碑：图珍琦。

按：珍琦之"琦"本作"奇"。《说文、可部》："奇，异也；一曰不耦。从大从可。"（按此借義。"奇"字甲文作，象人騎马形，乃騎之本字也）。而此碑作"琦"者，涉上珍字而加玉旁也。

瑋 张迁碑：晋陽珮瑋。顧云：借瑋為韦。

按：《集韵》："珮，通作佩"。《韵會》："纬

汉书匈奴传：逗遛不进

敦煌变文集 伍子胥变文 渭滨下追 问逗遛 一也

20×15=300 河北大学函授部稿纸

大都崇圣院碑记：钟聲朗朗 聲 三川

第　　页

其服用则字从人，名其器则字从玉。”“珮”即佩字，涉義易旁也。“珮玮”即佩韦。《韩非子·观行》：“西門豹之性急，故佩韦以自缓；董安于之性缓，故佩弦以自急。”韦，皮绳，性柔韧，故性急者佩以自警。字本与玉无関，其所以从玉作者，涉上珮字而加旁也。

徕　唐公房碑：休谒往徕。

按：“往徕”即往来也。“来”字甲文作“（菁五、一）”，象麦形，即麦之本字也。~~[illegible]作往来之来。[illegible]~~往来之来本作麦，甲文作“（前四，四〇、七）。从夂（甲文从止者，皆為去、上之动作，从夂者，皆為来、下之动作）来声。古書借来為往来字，因以麦為麦麯字，《说文·麦部》：“麦，芒穀，秋種厚薶，故谓之麦。……从来，有穗者也，从夂。”说“麦”為

20×15=300　　河北大学函授部稿纸

第　　页

芒𣪊，非初義；解其形為从來、从夊，因關於麦之借義而誤也。往來之來古書通作來，此碑作徠者，涉上往字而加彳旁也。

　　狱　高彪碑：獄（àn）狱生屮。

　　按："狱"字本作"犴"、"犴"。《説文·豸部》犴：胡地野狗。犴：犴或从犬。《詩》曰：宜犴宜狱"。碑作"狱"者，涉上狱字而多加犬也。

　　湶　孫叔敖碑：波障源湶。《隶释》云："泉添水而為湶"。

　　按：湶字本作泉，甲文作""，篆作"

《説文》："泉　水原也，象水流出成川形。"碑字作"湶"，涉上波、源二字而加水旁也。

　　蓧　张平子碑：对封树之萧蓧。《隶释》云："以萧蓧為萧條"。

　　按：萧蓧，本作萧條，此碑條字作蓧者，

第　　页

涉上萧字而加艸旁也。

　　琊　刘衡碑：琅琊相。

　　按：琅琊之琊本作邪。《说文·邑部》：“邪，琅邪郡也。从邑，牙声。”《汉書·地理志》：琅邪郡，秦置，属徐州。”《后汉書·郡国志》：琅邪国，属徐州刺史部。”此其证也。而此碑獨从玉作琊者，涉上琅字而加旁也。至后世書琅邪作瑯琊，“琅”复涉下邪字而加邑旁也。《廣韵》“瑯，琅邪，郡名；俗作瑯琊。”

　　凰　麒麟凤皇碑：凤凰。

　　按：凤凰本作凤皇。《说文》：“鶠，一曰凤皇也。”《史记·五帝本纪》：“凤皇来翔。”《汉書·昭帝纪》：“凤皇集東海。”凰皆作皇。此碑作凰者，涉上凤字而加几也。“凤”字本从鸟，凡声。皇上施几，最为无理。

20×15=300　　河北大学函授部稿纸

第　　页

鏕　尹宙碑：分趙地為鉅鏕.

按：《汉書·地理志》："鉅鹿郡，秦置，屬冀州."師古注："應劭曰："鹿，林之大者也".臣瓚曰："山足曰鹿".《后汉書·郡国志》："鉅鹿郡：鉅鹿故大鹿，有大陸澤"."鏕"字皆作"鹿"此作"鏕"者，涉上鉅字而加金旁也。

孋　郭輔碑：有四男三女，咸高賢姣孋.

蔽引《集韵》曰："孋，美也"。

按："姣孋"字本但作"麗".西周甲骨作""金文作"（師旋毁）"、"（郡雷匜）"篆作""《说文·鹿部》："麗，旅行也。鹿之性，見食急則必旅行，从鹿，丽。《礼》麗皮纳聘，蓋鹿皮也。丽，古文．𠀅、篆文麗字".許说不確，麗字从本鹿，上象双角突出角部，以示美麗，又角附於頭，以示附麗，又角為双角，以示麗

第　　页

耦，故麗字一形而兼"美丽"、"附丽"、"丽耦"三義。（文字源於图画，初民視字，亦犹視画也，自不同角度視之，乃得不同意义，如亂字、兩字等是也，此亦词義義项增多之一途）。省变作丽，許慎以丽为麗之古文，非是。段玉裁曰旅行之义，"其字本作丽，旅行之象也，后乃加鹿耳"。亦非。《说文》无"孋"字，妓孋字本当作麗，此作"孋"者，涉上妓字而加女旁也。

㨢　唐扶頌：未粤抪㨢，枝强难化。顾云："即抪扈也。抪，相持也；扈，跋扈也，碑亦为手。《玉篇》、《广韵》俱无㨢字，《集韵》始有之，云：抪㨢，不顺理。亦相持跋扈之意。"

按："抪㨢"即"跋扈"也。《后汉書·梁冀传》："此跋扈将軍也。"字又作"拔扈"。《诗·

20×15=300　　河北大学函授部稿纸

大雅、皇矣》笺："畔援，犹拔扈也"。又作"⿰扌巿扈"，任伯嗣碑："南蛮⿰扌巿扈"。"拔扈"、"跋扈"、"⿰扌巿扈"同词异形。畔换、强梁之义也。"扈"字古書但作"扈"，而此碑独从手作者，涉上"⿰扌巿"字而加旁也。

暝　銀雀山汉簡2301简（以下称引但称简数）'……口失其请，去昭就暝。"

按：昭暝字本但作冥。《说文、冥部》："冥，幽也。"是其义。此作"暝"者，涉上文昭字而加日旁也。

玕　《字類》：《汉書、鲍宣传》："白虹玕日。"

按："玕"本作"干"。《説文、干部》："干，犯也。"是其义。此作"玕"者，涉上"虹"字而加虫旁也。

淮　《字类》：《汉書、楊雄传》："横江湘

第　　页

以南淮兮”。師古曰：“淮，往也。”

按：“淮”字不見《說文》。其字本作“往”，涉上文江湘二字而加水旁也。

躤：《字類》：《汉書·司馬相如传》：“人民之所蹈躤。”

按：“蹈躤”字本作“藉”。《史记·魏其武安侯列传》：“人皆藉吾弟。”索隐：“藉，蹈也。”是其例。此作“躤”者，涉上“蹈”字而加足旁也。（“藉”即籍之隶变，隶書竹、艹多不分。）

2：涉下加旁

諮：曹全碑：聖主諮諏。

按：《说文·口部》：“謀事曰咨。从口，次声。”《尔雅·释诂》：“询、度、咨、诹、访，谋也。”郭注：“《国语》曰：询於八虞，咨於二虢，度於閎夭，谋於南宫，诹於蔡原，访於辛

征伐之任　鼎钟鸣夹辅之勋

耿延毅妻耶律氏墓志铭

鈇鉞专

20×15=300　　河北大学函授部稿纸

尹。遒谓謀议耳。"《左传·襄公四年》："访問於善曰咨。"《诗·小雅·皇皇者华》："周爰咨諏。"又华山庙碑："疇咨四岳。"校官碑："咨疑元老。"诸咨诹字皆作咨。此碑从言作者，涉下諏字而加言旁也。《皇皇者华》释文云："咨，本又作谘"。"本又作谘"者，亦涉下加旁字也。

菰　校官碑：履孤竹之廉。《隶辨》云："《字原》云，又作孤。《玉篇》：菰同苽。《五经文字》云：苽，释文作孤。以菰为孤，犹以孤为苽也。"

按：碑文用伯夷、叔齊故事。"菰竹"本作孤竹。《史记·伯夷列传》："伯夷、叔齊，孤竹君之二子也。"索隐："《地理志》：孤竹城在辽西令支县。应劭云：伯夷之国也。"正义引《括地志》云："孤竹古城在盧龍县南十二里，殷時诸多孤竹国也。《后汉書·郡国志》："令支有孤竹城。"注："伯夷、叔齊本国。"孤竹，古国名，古書皆作孤竹。此碑作"菰竹"者，"菰"字即涉下竹字而加竹旁也。隶書从竹从艹无别，此"菰"字从艹，即是从竹也。顧南原謂菰為孤之借字，非是。

　　昬　孫叔敖碑："處幽昬而照明。"顧云："昏旁加日，諸字書不載見。"

　　按："幽昬"即尹宙碑"早即幽昏"之"幽昏"也。《説文·日部》："昏，日冥也。从日，氐省；氐者，下也。一曰民声。（段玉裁云：此四字蓋浅人所增，非許本書，宜刪。凡全書内昏声之字皆不从民。有从民者，譌也。"按汉碑昏字已作昬，許謂一曰民声者，当有所本。四字非浅人所增也）。"昬"字从日，民声，字已

第　　页

从日而复加日旁者，涉下照明二字而加旁也。

㴞　杨君石门颂：平阿㴞泥。

按："㴞"即泉字，涉下泥字而加水旁也。

⿰木甍　高颐碑：家失⿰木甍梁。

按："⿰木甍"字《说文》但作"甍"。《瓦部》："甍，屋栋也。从瓦，夢省声。"碑作"⿰木甍"者，涉下梁字而加木旁也。

⿱艹剖　西狭颂：是以三⿱艹剖符守。《隶释》云："以⿱艹剖为剖。"

按："⿱艹剖"即"剖"字。《说文·刀部》："剖，判也。""判，分也。"《战国策·秦策三》："决裂诸侯，剖符於天下。"《史记·高祖本纪》："乃论功，与诸列侯剖符行封。"碑文"⿱艹剖苻"即剖符也。"符"字隶变作"苻"，"剖"字因涉下苻字而加艸旁也。

第　　页

渤　孫叔敖碑阴：渤海太守。顾云："《汉書·地理志》、《后汉書·郡国志》皆作勃海。諸碑亦作勃海，惟此碑作渤海。"

按："渤海"字《说文》作"郣"，《邑部》："郣，郣海地。""郣"字不見经传，字通作勃。《汉書》、《后汉書》俱作"勃"，宗俱碑阴："勃海脩"，魯峻碑："勃海吕图。"字亦作"勃。"此碑渤字从水作者，涉下"海"字而加旁也。

⿱惻心　王純碑："⿱惻心隱口至。"顧云："即惻字。《集韵》云：惻或書作⿱則心。碑复加心於旁。"

按：顧说非是。"⿱惻心"本作"惻。"涉下"隱"字加心於下作"⿱惻心"也。《说文·心部》："惻，痛也。从心，则声。"《孟子·公孙丑上》："皆有怵惕惻隱之心。"《楚辞·九叹》："内惻隱而含哀。"字皆作"惻隱。"

第　　页

渒《孙膑兵法·雄牝城》："城在渒泽之中，无高山名谷而有付丘者於其四方者，雄城也。"

按："渒"字不见《说文》，依文义字当作卑。其所以从水作者，涉下泽字而加旁也。

琦《字类》："《汉书·西域传》：'杂缯琦珍'。"

按：奇珍异宝字本但作"奇"。此"琦"字从玉作者，涉下"珍"字而加旁也。

20×15=300　　河北大学函授部稿纸

第　　页

二　易　旁

漢隸用字，偏旁每多變易。攷其變易之因，要可分為二類。一曰涉義易旁：字本从甲作矣，以文义為乙事，因变甲从乙，此等易旁字，謂之涉义易旁；亦有易旁字與文義无涉者，究其易旁之由，乃以其本字训厶，厶字从乙，因易从乙也，此等字亦謂之涉义易旁。二曰涉上下文易旁：字本从甲作也，其於文中，上字或下字从乙作，因之变甲从乙，此等易旁字，謂之涉上下文易旁。分述如下：

(一) 涉義易旁：

璴

羈　张迁碑："西羈六戎"。顧云："即羈字。《說文》羈本作𦌴，或从革，碑变从糸"。

按：《說文·网部》："𦌴，馬落（络）頭也。

20×15=300　　河北大学函授部稿纸

第　　页

从网、馬；馬，绊也。羈，䍜或从革。”依《説文》“⿱罒⿰糸馬”本作“䍜”，从网，从馬（馽），会意。義為馬笼头，以其為革质也，因加革旁作“羈”省作羈。碑作“⿱罒⿰糸馬”者，涉文义变革从糸也。

⿰歹周　张表碑：⿰歹周芝华兮殲彦良。

校：“⿰歹周”字不見《説文》，字本作“凋”。《説文、仌部》：“凋，半傷也”。碑变仌从歹者，涉文义及下“殲”字易旁也。《说文、歺部》：“歺，列骨之残也”。凡傷亡、疾病字多变从歺，此碑亦然。

軆　尧庙碑：軆性温仁。霝台碑：軆兰石之操。张迁碑：君之軆素。司農刘夫人碑：軆性純淑。

校：“軆”字《说文》作“體”。《骨部》：“體，總十二属也。从骨，豊声。”碑变骨从身

20×15＝300　　河北大学函授部稿纸

者，涉义易字也。

楗　殽阬神祠碑：郭楗仲楗。《廣韵》：楗与键同。

按：《說文·金部》："键，铉也。从金，建聲。一曰車轄。"段注："〔铉也〕谓鼎扃也。以木横關鼎耳而举之，非是则既炊之鼎不可举也。故谓之关键，引申之為門户之键閉。"又《木部》："楗，歫門也。从木，建声。""楗""键"实一字之变易。以木横贯鼎耳與以木横贯门關閉，其实同也。从木者，以其為木质；从金者，以其為金质。训車轄者，亦取管键之义。《廣韵》谓"楗"与"键"同，是也。《說文》异部多重文，此其一例也。

憉惇　北海相景君銘：孝子憉惇，顛倒剝摧。顧云：《玉篇》：憉悙，自强也。惇字

第　页

不载字书，疑借憉懪为澎濞，形容其涕泪之横流也。

按："憉懪"即"澎濞"，所以变水从心者，重其傷心之义也。俗语云："人不傷心不落泪"。

壙　武班碑商周假藉：歷世壙遠。顧云："《汉書、李夫人传》："託沈阴以壙久兮。師古曰：壙与曠同"。

按：《說文、日部》："曠，明也"。段注："廣大之明也。会意兼形声字也。引申为虛空之称。又《土部》："壙，塹穴也。从土，廣声"。一曰大也"。"壙"、"曠"本一字，以時言则从日，以地言则从土。后世以曠為曠久字，以壙為坟壙字，遂分为二矣。

㬇　鲁峻碑：㬇矣旳旳。《隶释》云：煥矣灼灼，但易火以日。顧氏曰："《類篇》云

20×15＝300　　河北大学函授部稿纸

第　页

㬇，呼玩切。《山海经》有㬇玺国，在崑崙墟。《博雅》云：旳音的，明也。二字各有本，非易火以日也。

按："㬇"与"焕"，"旳"与"灼"皆同字异形。从日者，取意於日光也；从火者，取义於火光也。"㬇"、"焕"二字俱不見《説文》，其字本作"奐"。《説文·廾部》："奐，一曰大也。"《礼记·檀弓》："美哉奐焉。"注："奐言衆多。"衆多、盛大字本但作奐，变作"涣"。《詩》毛传："涣涣，春水盛也。"以其言水也，故从水。"㬇"、"焕"又"涣"之变易也。又《説文·日部》："旳，明也。"《火部》："灼，炙也。"明义之字本作"旳"，爲其火明也，易日以火。《廣雅·释训》："灼灼，明也。"训明之灼与旳乃同字异形，而与训炙之灼为同形异字也。

⿰女樂　鲁峻碑："令德孔⿰女樂。"《隶释》云：鑠易从女。顧云："《玉篇》：⿰女樂，美好也。"碑盖以⿰女樂為鑠，非易从女也。

按："⿰女樂"字不見《說文》，其字本作"鑠"。《尔雅·释诂》："鑠，美也。"《詩》："於鑠王師。"毛传："鑠，美也。"《太玄》："乃后有鑠。"范望注："鑠，美也。"此其证。碑作"⿰女樂"者，以其為媄好之义也，故易金从女。顧氏据《玉篇》駁洪氏"鑠易从女"之说，非是。《玉篇》"⿰女樂"字盖据汉碑收入，不足為據。顧氏每以后世字書若《玉篇》、《博雅》、《集韵》、《類篇》等说字，顛倒源流，故其说多不可从也。

又郭究碑："於⿰女藥我君"。"於⿰女藥"即《诗》"於鑠王師"之於鑠也，易金从女，与鲁峻碑同。变樂从藥者，"藥"亦从樂得声也，从藥

第　　页

声即是从槃声也。

⿰忄尃　孫根碑：先施⿰忄尃愛。顧云：《說文》博从十，碑讹从心。

按：《說文·十部》："博，大通也，从十，尃。（段注尃作博，誤），尃，布也；亦声。"博愛之博本从十作，碑从心作"⿰忄尃"者，涉义易字也。字非讹。

⿴行肙　孫叔敖碑：⿴行肙节高义，放浪奇介。《隶辨》云："疑是狷字之异。碑又云：至於沒齿，无分铢之蓄；破玉玦，不以财宝遗子孫，乃其狷節也。"

按：顧说是也。"⿴行肙"即"狷"字。"狷介"乃人之品行，故碑易犬从行也。

⿰酉高：斥彰长田君断碑：史見滂⿰酉高，芳馨馥芬。《隶續》云：⿰酉高字未详。《隶辨》归之於

第　　页

疑字栏内。

按：朱駿声以"⿰酉高"為犒字，是也。(見《説文通训訂声》"槀"字下注)"犒"謂勞師也。碑文字作"⿰酉高"者，以其勞師之物多為酒食也。"犒"、"⿰酉高"俱不見《说文》，古多以"槀"字為之。

⿰石耳⿰石則礙隗　見无极山碑。

按："⿰石耳⿰石則"二字不見字書。《隶辨》归入疑字栏内，谓音义未详。此二字即"岝崱"也。"岝崱"状山石之高峻，碑涉义易山从石也。"岝"作"⿰石耳"者，隶書从乍从耳每不分也。"礙"字見《说文·石部》，解作"止也。从石，疑声。"义於碑无取，字当為"嶷"字之变。变山从石，亦谓山石高峻也。顧氏收此字入代韵，是读"礙"為止碍字也，非是。"隗"即嵬字。"嵔"字古多异体，作"隈"者，涉义加阜也。"碩硐礁隈"当读作"崔崩巍嵔"，皆山石高峻之皃也。

碓　费鳳别碑：肝碓意悲，感切伤心。《隶释》云："以碓為摧。"

按："碓"字本作"摧"。《说文·手部》："摧，挤也。从手，崔声。一曰挏也；一曰折也。"段注："折者，断也。今此义行而上二义废矣。《詩》'室人交徧摧我'，傳曰：'摧，沮也。'此折之义也。"变作"催"。《說文·人部》："催，相擣也。从人，崔声。《诗》曰：室人交徧催我。"袁成碑："鸿姿催零"。徐氏记産碑："五内催碎"用其字。此碑作"碓"者，以其义為催碎也，因变手从石。

膺　繁陽令楊君碑：膺天鐘度。

第　　页

按："膺"字不見《说文》，字本作"膺"。《説文・肉部》："膺，匈（胸）也。从肉，雁声。"碑从胃作芍，涉义易旁也。

館鎋　祝睦后碑：七政館鎋。《隶释》云："館鎋"即"管轄"。顧云：赵岐《孟子题辞》五经之館鎋。孫奭音义云：館音管。《方言》作輨轄。《急就章》：輻轂輨轄輮䡖輟。王应麟《音释》云：館鎋碑本作輨轄。館即輨字，非管字也。

按："館鎋"本作"管轄"，"管"以開閉門户，"轄"以制約車轂，故管轄连言，有管制、关键之义也。此碑作"館鎋"者，以"管"、"轄"多以金為之，故易从金也。或作"輨轄"者，"管"字涉下"轄"字而易旁也。《説文》有"輨"字。《車部》："輨，轂端錔也。从車，官声。"其义亦取诸管也。

崜　周憬功勳銘：仰王喬兮又崜峗。顧云即崜字。《玉篇》崜音朵，山形。

按：“崜”字不見《説文》，字殆本作“陲”。《説文·阜部》：“陲，危也。从阜，垂声。”“峗”字亦不見《说文》，字蓋“危”字之加山旁者也。“陲危”连言，谓崇高也。碑作“崜峗”，涉义增易偏旁也。

繦　曹全碑：百姓繦负。顧云：《说文》：繦，捔纇也。襁，负儿衣也。碑蓋以繦為襁。平都相蔣君碑：繦负归口。亦作繦。

第　　页

吕览"繈緥"作"褓繈"

按："繈负"字本作繈。《説文、糸部》："繈觕纇也，从糸，强声。"段注："觕训角长，引申爲凡粗长之称。……又引申爲繈緥。《吕览、明理篇》：道多繈緥。高注：緥，小儿被也。繈：褸格上绳也。又《直谏篇》繈緥注：繈、褸格绳；緥：小儿褓也。褸即缕，格即络。织缕爲络，以负之於被，其绳谓之繈。高说最分明。《博物志》云：織缕爲之。广八寸，長二尺，乃谓其络，未及其绳也。凡绳㧗皆谓之繈。"又《史记、卫青传》："自青子在繈緥中"正义：繈，长尺二寸，（疑爲二尺之误）闊八寸，以约小儿於背也。褓，小儿被也。""褓"字《説文》亦作緥，云："小儿衣也。""繈緥"之作"襁褓"涉义易旁也。"緥"字亦非本字，字本作"負"，作"保"。"緥"乃"保"之后起加旁字也。碑

第　　页

作"繈負"，正用本字。顧氏謂碑"蓋以繈爲襁"，疎矣。《説文·衣部》："襁，負兒衣。"段云："古繈緥字从糸不从衣，後人不得其解，而增襁褓於此。"段令許有此字，當与褓篆爲类矣，當删。《魏受禅表》："襁褓之孤。"字作"襁"，蓋有所本也。《説文》多异部重文，或许据汉俗襁字收入《説文·衣部》，亦未可知。《説文》襁字存疑可也，不应遽删。

陭䧢　周憬功勳銘："增陵陗兮甚䧢陭。"

按："䧢陭"字亦作"嶇崎"。桐柏庙碑："崎嶇逼狭"是也。《説文》作"𢻫䧢"。《阜部》："䧢，𢻫䧢也。"《危部》："𢻫，𢻫䧢也。""崎嶇"二字俱不見《説文》，蓋本作"𢻫䧢"，一变爲"陭䧢"，再变爲"崎嶇"。从阜者重其高也，从山者，謂山路崎嶇也。

20×15=300　　河北大学函授部稿纸

第　　页

[員+攴]　甲本：勿或[員+攴]之口口。

按："[員+攴]"字傅奕本，王弼注本皆作"損"。"[員+攴]"、"損"乃同字异形。古从手之字可写从攴，如"揚"字从手，其古文作"敭"（見《说文》）"扶"字从手，古文作"𢻮"；"播"字从手，古文作"[番+攴]"，（俱見《说文》）是其证也。

√ 魄　戴營袙抱一。（乙本）

按："袙"字傅奕本作"魄"，王注本作"魄"。《說文·鬼部》："魄：阴神也，从鬼，白声。"以其为鬼神之事也，因易鬼从示。

[米+余]　甲本、乙本：其在道曰[米+余]食贅行。

按："[米+余]"字不見《说文》，傳世《老子》俱作"餘"，此从米作书，涉义易字也。

[米+目]　甲本：雖智大[米+目]。

按："[米+目]"字乙本、傅奕本、王注本俱作"迷"

20×15＝300　　河北大学函授部稿纸

第　　页

此作“[illegible]”者，易足以目也。

㩉　乙本：将欲㩉之。

校：王注本“㩉”字作“歙”，《说文·欠部》：“歙，缩鼻也。”本义为缩鼻，借为凡收缩之称。河上公本作“噏”，字从口，与“歙”同字异形。此作“㩉”者，谓以手收缩之也。甲本作“拾”，从手之义与“㩉”同。“合”声与“翕”声同，“翕”即从“合”得声。“拾”与“㩉”、与“歙”、“噏”为同字异形，而与训“掇也”之“拾”为同形异字。

膿　馬王堆汉墓出土古佚書（以下称引省作古佚書）：“蜀也者，舍膿也。”

校：“膿”即“體”字，涉义易骨以肉也。

詓　古佚書：詓臣分定。

校：“詓”即“法”字，以“法”与言有关也

第　　页

因易从言。

⿰犭曾，古佚書：⿰犭曾射雉兔。

按："⿰犭曾"字不見《说文》，字本作"矰"。《說文·矢部》："矰，惟射矢也。"此变矢从犭作者，以⿰犭曾射乃畋猎之事也。

⿰糹妾　《十大经》：外内交⿰纟妾。

按："⿰糹妾"字不見《说文》，字本作"接"，以其為联结之义也，因易手从糸。

⿰求戈　《本伐》："举兵而⿰求戈之。

按："⿰求戈"即"救"字。汉人凡涉战事之字多变从戈作，如"陣"字汉簡或作"⿰車戈"是也。此"⿰求戈"字变从戈者，亦涉战事而易字也。

⿰扌貴　《道原》："坚强而不⿰扌貴。

按："⿰扌貴"即"頽"字，以其义為摧敗也，因易从手作。

鼦《字類》：《史记·货殖传》：狐鼦裘千皮。

按："鼦"字不见《说文》。字本作"貂"。《説文·豸部》："貂，鼠属，大而黄黑，出胡丁零国。"以其为鼠属也，故易豸从鼠。

赮《字類》：《汉書·天文志》：雷电赮虹。《廣韵》音霞，日朝赤色。

按："赮"即"霞"字，以其为日朝赤色也，因易从赤。

鐖 1199：造紖弩三，造鐖弩二。（字·三）

按："鐖"即"機"字，以機弩为铁製也，因易機从金。

⿺辶足 0901：急而心⿺辶足者可久。（論·二三）

按："⿺辶足"即"促"字。促者，速也，因易"促"从辵。

第　　页

鐱　古佚書：三軍之士握鐱者。

按："鐱"即"剑"字。《說文·刃部》："劒，人所带兵也。从刃，僉声。劍，籀文劒从刀。"經传通作"剑"。金文"剑"字多从金作，如郐諧尹鉦作"鐱"，吴子逞剑作"鐱"，富奠剑作"鐱"，鄖王戟剑作"鐱"，是也。"剑"字以其类属言之则从刀，以其质地言之则从金，实一字之变易也。

伸　乙本：毋伸亣所居。

按："伸"字不見《说文》，傅奕本、王注本皆作"狎"。《说文·犬部》："狎，犬可習也。"引申為狎習、輕侮。帛書作"伸"者，以言人也，故易从人作。

迺　2334：故迺可以守。

按："迺"即"復"字。《说文·彳部》"復"

或体作"衲"。古字从彳者，多可变从"辵"。如《说文》"往"古文作"𨑒"，"後"古文作"𨒌"，"𢓊"古文作"退"。"⿺辶止"或体作"⿰彳止"，"⿺辶正"或体作"征"，"⿺辶且"或体作"徂"，並其证也。

第　　页

二、涉上下文易旁

1、涉上文易旁。

跎　祝睦后碑：践跎州郡。《隶释》云："跎即阼字。顧云：字書无跎字，碑蓋以跎為阼字也。"

按："践跎"字本作"阼"。《说文·阜部》："阼，主階也。从阜，乍声。"段注："階之在東者。古者天子践阼临祭祀，故国语曰阼。"以其涉於祭祀也，古書或作祚。《史记·燕召公世家》："成王既幼，周公摄政，當国践祚。"此碑作"跎"者，涉上"践"字而易从足也。

禝　袁良碑　朕追蘼社禝之重。

按："社稷"之"稷"本从禾作。《说文·禾部》："稷，齋也；五谷之長。"段引郑駁《五经异议》曰："社者，五土总神；稷者，原隰之神。

20×15=300　　河北大学函授部稿纸

第　　页

皆能生万物者，以古之有大功者配之。句龍以有平水土之功，配社祀之；稷有播种之功，配稷祀之。"《周礼·春官·大宗伯》注："社稷，土谷之神，有德者配食焉"。《白虎通义·社稷》："人非土不立，非谷不食……故封土立社；稷，五谷之長，故立稷而祭之也"。诸"稷"字皆从禾作。此碑从"示"者，涉上"社"字，且神之也。又张表碑："爰暨后禝"。顾氏云："《類篇》禝，尧臣，字从示；稷，五谷之長，字从禾。此说非也。《说文》有稷无禝字，后稷之稷，经典皆从禾作。因隶有变禾从示者，曲为之说尔。"

按：《類篇》谓"禝"乃尧臣字，"稷"为五谷之長，不知"稷"、"禝"为同字异形而曲为分别也。银雀山汉简"稷"字亦多从示作。如0884……必有废法社稷不盡二日奏大吕……（阴·一）。

漏　张公神碑．公神日著，声洞漏兮。《隶释》云：以漏为徧。顾云：字書无漏字。其字从水，又与洞並用。洞，疾流皃。恐有别义，非以漏为徧也。

按："洞漏"即"洞徧"，谓深远、广大也。"徧"作"漏"者，涉上"洞"字而易彳从水也．顾说非是。

鐀　《字類》："《汉書·太史公传》：紬金鐀石室之書。与匱同。

按："匱"而作"鐀"者，涉上金字易从金旁也．

⿱高死　甲本：其死也⿰木車（枯）⿱高死。

按："⿰木車⿱高死"字本作"枯槁."《説文》作"槀"《木部》："槀，木枯也。"是其义．此作"⿱高死"者，涉上"死"字而易从死也。

全辽文　沙门志果为亡师造塔幢记　恩　今法门之恩　粉骨粹△骨难（下缺）

第　　页

市　甲本：不知常市＝作凶。

按："市"字傅奕本、王注本俱作"妄"。此作"市"者，涉上"常"字而易从"巾"也。

材　《名理》：是必为福，非必为材。又：福材废立，如景之隋刑，如向之隋声。

按：《说文·火部》："烖，天火曰烖。灾，或从宀、火。扷，古文从才。災，籀文从巛。"帛书扷字变作禾者，涉上"福"、"福"而易旁也。

鸗　0534……可聞勝去不可知緻才（哉）孰（鷙）鳥将孰，庳鸗翕翼。（六、五）

按："鸗"即"蜚"字，涉上"鳥"字而易虫从鳥也。"鸗"、"蜚"自皆"飛"之异文。"蜚"字从虫、非声，本谓蟲之飛也；"鸗"字从鳥，非声，谓鳥之飛也。古書飛字多作蜚，"飛"、"蜚"实一字之变易也。"蜚"与训"臭蟲負盘也"之

第　　页

"蜄"为同形异字。

狭．1605：狼将狭猾耳固伏圣人将动心[illegible]

（六·七）

按："狭"字不見《说文》，依文义字当作<u>逸</u>，又作佚．"佚"本从人，失声．簡作"狭"者，涉上狼字易人从犬也。

20×15＝300　　　　河北大学函授部稿纸

第　　页

"鉴"为同形异字。

2．涉下文易字。

墂　袁良碑：父子同升而无墂堵。《字原》云：即環字。

按：《説文》无"墂"字。《字原》谓墂即環字，是也。《庄子·让王篇》："原宪居鲁，環堵之室，茨以生艸，蓬户不完。"成疏："周环各一堵，谓之环堵，犹方丈之室也。"碑字作"墂"涉下"堵"字易从土也。

訞　《字類》：《汉書·文帝紀》："有訞言之罪。"与妖言同。

按："訞"字《说文》作"祅"，《示部》："祅，地反物为祅也。"省作"祆"。《史记·乐書》："疾疢不作而无祆祥。"此作"祆"者，涉下言字而易从言也。

常娥　恒娥　嫦娥　姮娥

20×15=300　河北大学函授部稿纸

第　　页

三、娋旁

所論娋旁，兼賅兩種：一曰偏旁消畧，一曰筆画消減。汉字多形声字，形声字形旁省畧之后，則与声符同形，如汉墓帛書《老子》：“侯王自胃孤寡不穀。”“胃”本作“謂”，从言胃声。娋畧形旁“言”之后，則与脾胃字同形。此種形旁消畧字詳見於下章“同形异字”中，此从畧。筆画消減，謂象形、指事、會意、形声字中，或省一筆，或省数筆者，举例如下：

尉　婁寿碑：“祖父太常博士徵朱尉司馬。”

《隶释》云：“婁君之祖為朱爵司馬。而書作朱尉者，省其文也。”

按：洪说是也。“爵”字《说文》作“爵”，《鬯部》：“爵，礼器也。象爵之形，中有鬯酒

20×15＝300　　　　河北大学函授部稿纸

又持之也。所以飲器象爵（雀）者，取其鳴節節足足也。"（甲文"爵"字作""（后下七、七）父癸卣作""均象酒爵之形，非取象於雀也。許說非是）"爵"字隶变作"爵"，經典相承作"爵"，此碑作"尉"，即"爵"、"爵"之省也。又帛書《老子》："夫莫之尉而常自然。""爵"字亦省作"尉"，与此碑同。

表　魯峻碑阴："胡昱仲表。"史晨后碑："道表南北。"

按："表"即"表"字之省。《說文・衣部》："𧘝，上衣也。从衣，从毛。古者衣裘以毛為表。"碑作"表"，省上两筆也。此種省減，战国文字中已見之。如表裏之裏，本从衣、里声也。河南信陽长台关战国楚墓出土竹簡却書作"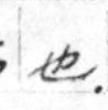"此其例也。"表"字隶变或作表，今仍之。

夏　尹宙碑：諸夏肅震。韩敕碑阴：鲁夏侯廬頭。

按："夏"字《说文》作"夓"《夊部》："夓，中国之人也。从夊，从頁，从臼；臼，两手；夊，两足也。"碑或省作"夓"。孔宙碑："猾夓不口"，繁阳令杨君碑："京夓凡百"，均省从頁为从百，或省作"夏"，郑固碑："华夏归服"是也。复省为"夏"，上举二碑是也。鲁峻碑："华夏祇肅"字亦作"夏"，与尹宙碑、韩敕碑阴用字相同。

网　曹全碑："續遇禁网。"

按："网"即网罟之网。《说文·网部》："网，庖犧所結繩以漁。从冂，下象网交文。"甲文作"（乙三九四七）"，象形。碑作"网"者，即"网"之省也。今山西字省作"网"，与

第　　页

此碑禁冈字乃同形异字，非关假借也。

巷　孔耽神祠碑：縣東冢巷。

按："巷"字《说文》篆文作"𨞒"。《䢼部》"𨛜，里中道。从䢼，从共。皆在邑中所共也。𨞒，篆文从䢼省。"碑作"巷"者，复从邑省也。又曹全碑"潜隐家巷"，"巷"字亦与此碑同。今字相承隶省。

⿰镸卷　祝睦后碑："君龀⿰镸卷入学。"

按："⿰镸卷"乃"鬈"字之省。《说文·髟部》："鬈，髮好也。从髟，卷声。"碑作"⿰镸卷"，省髟从镸也。

⿰镸毛　郑固碑：□□见於垂⿰镸毛。

按："⿰镸毛"即"髦"字之省。《说文·髟部》"髦，髦髮也（依段注），从髟、毛"碑省"髦"作"⿰镸毛"，与祝睦后碑"⿰镸卷"字同省。

20×15=300　　河北大学函授部稿纸

盁　雄桀碑：百穀滋盁。《隶释》云："盁即盈字"。

按：洪説是也。《説文·皿部》："盈，滿器也。从皿、夃。"《夂部》："夃，秦以市買多得爲夃。从乃，从夂，益至也。""盈"字所从之"乃"，即"夃"之省變也。碑文"盈"字或省作"盁"，如靈台碑："歷紀盁千，垂遺㤅兮。"州輔碑："在寵弗盁。"張公神碑："克儉損盁。"諸盈字皆省从乃，或省作"𥁋"。司农刘夫人碑："孫息𥁋房。"《隶续》云："𥁋即盈字"，是也。

梪　逢盛碑："命有悠梪。"顧云："《廣韻》：中梪同短。《書·堯典》：日短星昴。《古文尚書》作梪。郭究碑：不奪梪袍。短亦作梪。"

按："梪"即"短"字之省。《説文·矢部》："短，有所長短，以矢爲正。从矢，豆声。"隶

第　页

書"矢"字作"失"，省右下点而成"𠂇"，遂与从"才"旁同矣。又平都相蔣君銘："光光橋橋"，"橋"亦"蟜"之省筆也。

産　孫叔敖碑阴：治産于績西雲。

按："産"即"產"字之省。《説文·生部》："產，生也。从生，彦省声。"碑或作"產"，如魯峻碑："比縱豹産"，省生為主。此碑作"産"，复省从土也。

~~樓　李翊碑：時益部摟穰。《隶释》云："以摟穰為樓攘"。顧云："樊敏碑：~~

弃　北海相景君銘："不永麋寿弃臣子兮。"顧云："《説文》棄古文作弃，碑蓋合弃棄為一字也。"

按："弃"字《説文》作"棄"碑或省作𠻳見老子銘。此作"弃"者，又其省也。

觧　鲁峻石壁残画像："觧明騎。"顧云："即鮮字。他碑从鱼之字或省作角。《隶续》云：以觧為鮮，非也。觧俗作觧，诸碑皆从刀从牛，无从羊者。"

按：顧说是也。北海相景君銘、曹全碑"鯉"字皆从角作，是从鱼之字可省从角之证也。今書解字作觧，与碑中鮮字作觧同形，然音义俱乖，非一字也。

善　张迁碑：有张良善用筭策。顧云："灵台碑：君子善之。孫叔敖碑：去不善如绝紛，皆省善為善。"

按：《説文·誩部》："譱，吉也。从誩、从羊。善，篆文譱从言。"碑文善字有作"譱"者，夏承碑："流恩褒譱。"校官碑："寢息譱欢。"是也。有省作"善"者，议郎元賓碑："積善念於濟人。"

是也。有省作"善"者，娄寿碑："善与人交"是也。张迁碑作"善"者，又其省也。

戾　逢盛碑：降此大戾。

按："戾"字《說文》作"戾"。《犬部》："戾，曲也。从犬出户下。戾者，身曲戾也。"此碑从大作者，大即犬之省也。

㐌　《顺道》：事恒自㐌。

按："㐌"字本作"施"。《說文·㫃部》："施，旗皃。从㫃，也声。"帛書作"㐌"者，省㫃為人也。

乱　乙本、国家閔（昏）乱

按："乱"字傅奕本、王注本俱作"亂"，此作"乱"者，即"亂"之省也。

第　　　页

四、声符变易

声符变易，有省声、易声、讹声、声符增繁数種，分述如下。

一、省声。

声符簡化，謂之省声。省声有仍能标明形声字之读音者，有非将省声还原不能标明形声字之读音者。举例如下：

然　史晨奏銘：却揆未然。鲁峻碑阴：樺真子然。

按："然"即"然"字。《说文·火部》："然，烧也。从火，⿰夕犬声。"《肉部》："肰，犬肉也。从犬、肉；读若然。"碑文"然"字即是从"⿰夕犬"省声也。"⿰夕犬"不成字，非将"⿰夕犬"还原为"肰"，不能明标"然"字之音。

第　　页

臧　衡方碑：用行舍臧。

按："用行舍臧"語出《論语》、《述而》："子谓顏渊曰：用之則行，舍之則藏，惟我与尔有是夫。"《文選、蔡伯喈、陳太丘碑文序》"其為道也，用行舍藏，进退可度"。其字本作"臧"。《汉書、礼乐志》："臧於礼官"。師古曰："怀藏之字本皆作臧。"徐铉《説文新附字》云："藏，《汉書》通用臧字，从艸，后人所加。"汉末若孫叔敖碑、孔耽神祠碑臧字已从艸作矣。衡方碑"臧"字即"臧"之省也。《説文、臣部》"臧，善也。从臣，戕声。"《戈部》："戕，从戈，爿声。"碑省戕声為戊，昧其声矣。

顯　魯峻碑阴：路龙顯公。张纳功德叙：丕顯其光。殽坑碑阴：□满顯成。斥彰长田君碑：顯署仁德。

第　　页

按：諸碑"顯"字皆即"顯"字。《説文·頁部》："顯，頭明飾也。从頁，㬎声"。《日部》："㬎，衆微杪也。从日中視絲"。諸碑"顯"字即从"㬎"省声也（省其重複部分）或省訛為"顯"。綏民校尉熊君碑："君功顯宿著"。又"顯封受爵"。又"顯々令德"是也。他碑从"㬎"得声之字亦多省訛从"累"，若"濕"之為"漯"（見郙閣頌）"隰"之為"隰"是也。

擾　李翊碑：時益部擾攘。《隶释》云：以擾攘為擾攘。顧云：樊敏碑：京師擾攘。周公礼殿记：會值擾乱。擾皆作擾，省夒為夏。

按：顧説是也。《説文·手部》："擾，煩也。从手，夒声"。隶或变从憂。刘脩碑，灵台碑、曹全碑、史晨后碑"擾"字皆作"擾"，是其例也。李翊碑、樊敏碑、周公礼殿记"櫌"字作"榎"，"夏"即"夒"之省也。汉碑"夒"字或省作"夏"（见"媢序"部分），与"榎"字所从形同而声义俱乖。

蚤　樊安碑：不幸蚤终。逢盛碑：蚤克岐嶷。顾云：即蚤字。省叉为又。

按：顾说是也。"蚤"本从叉声，叉，古爪字也。碑省作"又"，非声矣。帛书《老子》甲本："虎无所昔（措）其蚤（爪）"，"蚤"亦从叉省声也。

㬥　张纳功德叙：㬥者征克大勋。《隶释》云：㬥即曩字。

按：洪说是也。《说文·日部》："曩，曏也。从日，襄声。"碑作"㬥"者，从日，襄省声也。

郜　北海相景君铭：郜邦归向。《隶释》云：

第　　页

郪郎𨞡字。

按："鄰"本从"粦"得声。《说文·炎部》"粦，从炎，舛。"依篆"粦"字本作"㷠"，碑变作"粦"、"粦"，变从炎为从米，从尘，此碑复变从主，省舛为夕也。景北海碑阴"驎"字作"騃"，与此碑省变相同。史晨后碑"麥"省作"麦"，与此碑"郪"字及景北海碑"騃"字皆从声旁同形，然声义俱非，非一字也。

關　郙閣頌：醳散關之嶃漯（湿）。顧云：省䜌为㐱。高頤碑：口口關外，關亦作関。

按："關"作"関"者，省略声符重複部分也。

蠻　张迁碑：南苞八蠻。

按：《说文·虫部》："蠻，从虫，䜌声。"《言部》："䜌，从言，絲。"碑作"蠻"者，言、虫

20×15＝300　　河北大学函授部稿纸

第　页

共用一口，从而省一口也。

膏　曹全碑：合七首药神明膏。

按：《說文》"膏"字作"膏"。《肉部》："膏，从肉，高声。"此碑作"膏"，从高省声也。

鞭　刘宽碑：故能去鞭㧑如获其情。

按："鞭"字本作"鞭"。《说文·革部》："鞭，从革，便声。"碑作"鞭"者，从"便"省声也。

謚　衡方碑：謚以旌德。顾云：即謚字。

冯绲碑：因謚以为桓，与此碑同。

按："謚"依碑义当作"謚"。《說文·言部》："謚，行之迹也。从言，益声。"（此依段注）碑一变为"謚"（见娄寿碑），再变为"謚"。謚字从言，益省声也。非从血肉之血。

造　孔龢碑：鲍君造作百石吏舍

第　　页

按："造"即"造"字。《說文·辵部》："造，从辵，告声。"《告部》："吿，从口，从牛。""吿"字隶省作"告"。此碑"造"字所从之"吉"，复为"告"之省也，与吉凶字形同而音义俱乖。

琢　校官碑："琢质繡章。"顾云：《說文》琢从豖得声，碑变从豕。

按："琢"字所从"豕"即"豖"之省也。汉碑从"豖"得声之字多从省"豕"。如韩勅碑"涿郡太守"。"涿"本亦从豖得声也，而省从豕。"涿"、"琢"所从之"豕"乃"豖"之省，与豕猪字同形异字。

戝　《君五》："国无盗戝，詐偽不生。"

按《說文·戈部》："贼，从戈，则声。"此"贼"作"戝"者，从戈，则省声也。

黨　1045：黨之黨胄之群。（六·一二）

20×15=300　　　　河北大学函授部稿纸

第　　页

按："黨"即"黨"字。《說文、黑部》："黨，从黑，尚声。"此作"黨"者，从黑，尚省声也。

√　穀　甲本：是以侯王自謂孤寡不穀。

按：傳世《老子》"穀"俱作"穀"。《说文禾部》："穀，从禾、㱿声。"此作"穀"者，从㱿省声也。

朝　《大分》：其国朝昌。又：朝王積甲士而正不备。

按："朝"字本作"霸"。《说文、月部》："霸，从月、䨣声。"《雨部》："䨣，从雨、从革。读若膊。"帛書"霸"字作"朝"者，霸从䨣声，䨣亦从革省声也。

靈　1997：作為頌宮靈台（曼、一三）

按："靈"字当作"靈"。《说文、玉部》：靈，从玉，霝声。《雨部》：靈，靈或从巫。"

20×15＝300　　河北大学函授部稿纸

第　　页

《雨部》："霝，从雨，㗊象零形。"汉简"⿱㗊巫"字作"⿱吅巫"者，从霝省声也。

以上诸例，皆為省声不还原不能明标形声字之读音者。

⿰氵毋　古佚書：村巽（选）⿰氵毋内之象。

按：《说文·水部》："海，从水，每声。"《屮部》："每，从屮，母声（此说解不确）"帛書海字作"⿰氵毋"者，"⿰氵毋"从每省声也。此种省声与未省者同声，因而省后仍能明标形声字之读音。

二、易声

易声者，字本从甲声而变从乙声之谓也。举例如下：

⿰⻊匋　灵台碑阴：遵柜（榘）⿰⻊匋规。《隶释》云：以⿰⻊匋為蹈。顧云：字書无⿰⻊匋字，亦推

20×15=300　　河北大学函授部稿纸

第　　页

其文又当为蹈耳。

按：《说文・足部》："蹈，从足，舀声。""舀"上古属定纽幽部字，"匋"亦属定纽幽部字。"舀"、"匋"音同，碑作"⿰足匋"者，易从匋声也。

犆　繁陽令楊君碑：大司農刘佑犆復表列。《隶释》云：以犆为特。顧云：《玉篇》：犆同特。《礼记・王制》天子犆礿。又：诸侯礿犆禘一犆一祫。《少仪》丧俟事不犆吊。特皆作犆。"

按：《说文・牛部》："特，从牛，寺声。"寺上古音属邪纽之部字，直上古音属定纽职部字，职为之之入声，定纽又与邪纽多通转。如《说文・水部》："潒，从水，象声。读若蕩。"象上古属邪纽陽部字，而蕩字则属定纽陽部字。两

20×15=300　　河北大学函授部稿纸

第　　页

《说文》读"潒"若"荡"者，正思定、邪二纽通转之证也。"特"字从寺得声，"特"属定纽职部字，寺属邪纽之部字，造字時當"寺"与特读音相同也，故特字取寺以為声。随语音之变化，汉時寺字之读音已不能明标特字之音，故易特从直声也。

㳘　甲本　大盈若㳘，其用不窮。

按《説文・皿部》："盅，器虚也。从皿，中声。"傅奕本作"大満若盅"，与《说文》同。此作"㳘"者，易从沖声也。"沖"亦从中声也。王注本作"沖"，即"㳘"之省也。

植　甲、乙本：植而盈之。

按："植"字傳世《老子》俱作"持"。《说文・手部》："持，从手，寺声。"此易从直声者说与上"犆"字条同。

第　页

⿰木車　甲本：其死也⿰木車槁。

按："⿰木車"字，乙本同。傅奕本、王注本俱作"枯"。《说文·木部》："枯，槁也。从木，古声。"帛書作"⿰木車"者，易从"車"声也。古"車"、"古"均属見纽魚部字。

⿰扌豆　乙本：⿰扌豆而允之。

按："⿰扌豆"字傅奕本作"⿰耑攴"，王注本作"揣"。《説文》无"⿰扌豆"字，"⿰扌豆"即"揣"字之异也。"短"、"耑"古皆属端纽元部字，二字声同。

⿰土然　乙本：⿰土然埴而為器

按："⿰土然"字傅奕本、王注本俱作"埏"。《说文·皿部》曰："埏"。《释文》作"挻"，引河上公注云：和也。字皆从延声。此从然声者，延、然音同也。"然"上古音属日纽元部字，"延"上古音属喻纽元部字，二字韵同，声亦通转。《说文》

20×15＝300　　河北大学函授部稿纸

第　　页

云部》："育，从云，肉声。"育上古属喻纽，而肉上古属日纽。《詩·采菽》："优哉游哉。"《韓詩外传》八"游"字作"柔"。游字上古属喻纽，而柔字上古则属日纽。此並為喻、日二纽通转之证也。

沕　甲本　沕身不怠。

按："沕"字乙本、傅奕本、王注本俱作"没"。此作"沕"者，勿声、殳声古相通也。《说文·歺部》："歾，从歺，勿声。"或体作"殁"，从歺，殳声。此勿声、殳声相通证之也。

湷　乙本：湷湷呵，鬻人昭昭，我独若閒。

按："湷"字王注本、傅奕本皆从屯声作"沌"。此作"湷"者，"春"亦从屯得声也。

閲　甲本　鬻人蔡蔡，我独閲閲。

按："閲"字乙本作"閩"，傅奕本作"閔"，

20×15=300　　河北大学函授部稿纸

第　页

王注本作"悶"，皆从門声。此从閩声者，閩字亦从門得声也。又乙本"我独閩閩"者："閩"乃惛之同字异构。从心，谓神志昏乱也，从閩声。与甲本"我独閩閩"中"閩"乃二字同形异字也。

⿱⺮析　甲本　善数者不以梼⿱⺮析。

按："梼⿱⺮析"即"筹策"。"筹"字作"梼"，涉义易旁也，说见同形异字章。"策"字作"⿱⺮析"者，声旁变易也。《说文·竹部》："策，从竹、朿声。""朿"字上古属清纽锡部字，易从"析"声者，"析"字上古属心纽锡部字。二字韵同，声类亦近（同为齿音，发音部位相同）

⿵門串　甲本　善閉者无⿵門串籥。

按："⿵門串"字乙本、傅奕本、王注本俱作關。《说文·門部》："關，从門、𢇍声。""關""𢇍"俱切古还，上古俱属见纽元部字。此变从串声

20×15=300　　河北大学函授部稿纸

者，"串"即《说文》"穿物持之也"之"毌"也，亦即贯字。"毌"上古亦属见纽元部字也。又《说文》"患"之古文作"𢝵"，"患"从串声，"𢝵"从"關"省声，此亦"串""關"声同之证也。

齎　甲本，善人之齎也。

按，"齎"字乙本、傅奕本、王注本俱作資。《说文·貝部》："資，从貝，次声。"此变从齊声者，古齊声、次声互通也。《説文·食部》"餈，从食，次声。"或体作"饝"，变从齊声。《禾部》"穧，从禾，齊声"，或体作"秶"，变从次声。此齊、次声通证之也。《周礼·外府》"供其财用之币齎。"郑注云："齎、資同耳。其字以齊次为声，从貝变易，古字亦多或。"是郑氏亦以"齎""資"为同字异形也。《说文·貝部》又有"齎"字，训持遗也也。持遗实即資义之引申

第　　页

也。郑玄视"齎"为"資"之或体，是也，许君分资、齎为二，非。

[馬高]，甲本，果而勿[馬高]。

按："[馬高]"字乙本、傅奕本、王注本俱作驕。《说文·马部》："驕，从馬，喬声。"《夭部》"喬，从夭，从高省。"朱骏声云："高亦声，宋本作高省声。"此高、喬声同之证也。

渢 乙本，道渢兮亓可左右也。

按："渢"字傅奕本作"汎"。《说文·水部》"汎，从水，凡声。"此变从風声者，風亦从凡声也。

駷 古佚書：馳駷也。

按："馳駷"即"馳驟"。"驟"从馬，聚声。"聚"上古属侯部字。变从束声者，束上古属書纽屋部字。屋为侯部之入声，書纽、从

20×15=300　　河北大学函授部稿纸

第　　页

纽古可通转.《说文、宀部》:"宗,从宀,未声"."宗"古属从纽字也.而"未"则为书纽字,此书、从二纽通转之证。"束"、"聚"声近,故帛书从簡易从束声也.

伓　《四口》:伓约则窘.

按:"伓"即"倍"字.《说文》、"倍,从人音声".《丶部》,"音,从丶,从否,否亦声".《口不部》,"否,从口,从不,不亦声".(字亦见《口部》,"否,从口,从不".)是"音"声、"不"声相同也.故帛書"倍"字从簡作"伓".

僀　0914:僀者不得迎=者不得僀.(尉一)

按."僀"即"俛"字.《说文、頁部》:"頫"之或体作"俛".字从人,免声."俛"古读若免.(说見段注).汉簡俛字易从㒼声者,"㒼"、"免"皆明紐元部字也。

20×15=300　　河北大学函授部稿纸

第　页

橅《字類》：《汉書、韦玄成传》其規橅可见。读作摹，作模。《补遗》：《刘向传》：初陵之橅。与模同。

按：娄、李皆以“橅”為規模字，是也。《说文、木部》：“模，从木，莫声。”“莫声”而易从無声者，“無”上古属明纽鱼部字，“莫”上古属明纽铎部字。铎即鱼之入声，是無、莫声近之证。又《说文》：“無，或说規模字”。此亦“無”、“模”声同之证。

裞《字類》《汉書、朱建传》：乃奉百金裞。赠終者之衣，式芮反。

按：朱骏声以“裞”為“襚”之重文而附於《说文》“襚”字下，是也。《说文、衣部》：“襚，衣死人也。从衣，遂声。”“遂”声而变从兑声者，遂、兑声相近也。《礼记、檀弓下》

20×15＝300　　河北大学函授部稿纸

第　　页

"齊庄公袭莒於夺"。郑注："去秋传曰：杞殖华还载甲夜入且于之隧。隧、夺声相近，或为兑。"此"兑"、"遂"音近之证也。

⿱赫虫　2704　……口食駒犢口蠆不⿱赫虫。（阴·四）

按："⿱赫虫"即"蠚"字。《说文·虫部》："蠚，螫也。从虫，若省声。""赫"《广韵》呼格切，"蠚"《广韵》呼各切。二字上古皆为晓纽铎部字，故汉简"蠚"字易从"赫"声也。又⿱赫虫蠚又与螫字同。《说文》"蠚"字段注云："蠚、螫盖本一字，若声、赦声同部也。或读呼各切，山东行此音；或读式亦切，关西行此音。見释玄应書。今人乃以此篆切呼各，下篆（即"螫"字）切式亦，分而二之。"又帛書《老子》乙本"蜂蠆虺蛇不螫"，"螫"字作"赫"。"赫"即⿱赫虫字之省形者也。

20×15＝300　　　　河北大学函授部稿纸

√ [糸鮮] 0363：諸周（雕）文刻婁（镂）補（黼）絨（黻）纂（纂）组鍼[糸鮮]之事……（守、七）

按："[糸鮮]"即"綫"字。《说文·糸部》："綫，从糸，戋声。""戋"古属从纽元部字。易从"鲜"声者，"线"、"鲜"皆心纽元部字也。

[辶畏] 0647：……曰進能[辶畏]不能……

按："[辶畏]"即"納"字。汉简多作"[辶内]"：0642."进[辶内]"。2334："故[辶内]可以守。"並是也。此作[辶畏]者，易从畏声也。"畏"古属微部字，"内"古属物部字。物为微之入声，畏、内音近。

[田勿] 0124：以百六十步为[田勿]。又0151：以二百卌步为[田勿]。又古佚書：使地工[田勿]。

按："[田勿]"即"畝"字。《说文》作"畮"，从田，每声。"畮"上古属明纽之部字，勿上古属明纽物部字。汉简、帛書"畮"字多从勿声者，

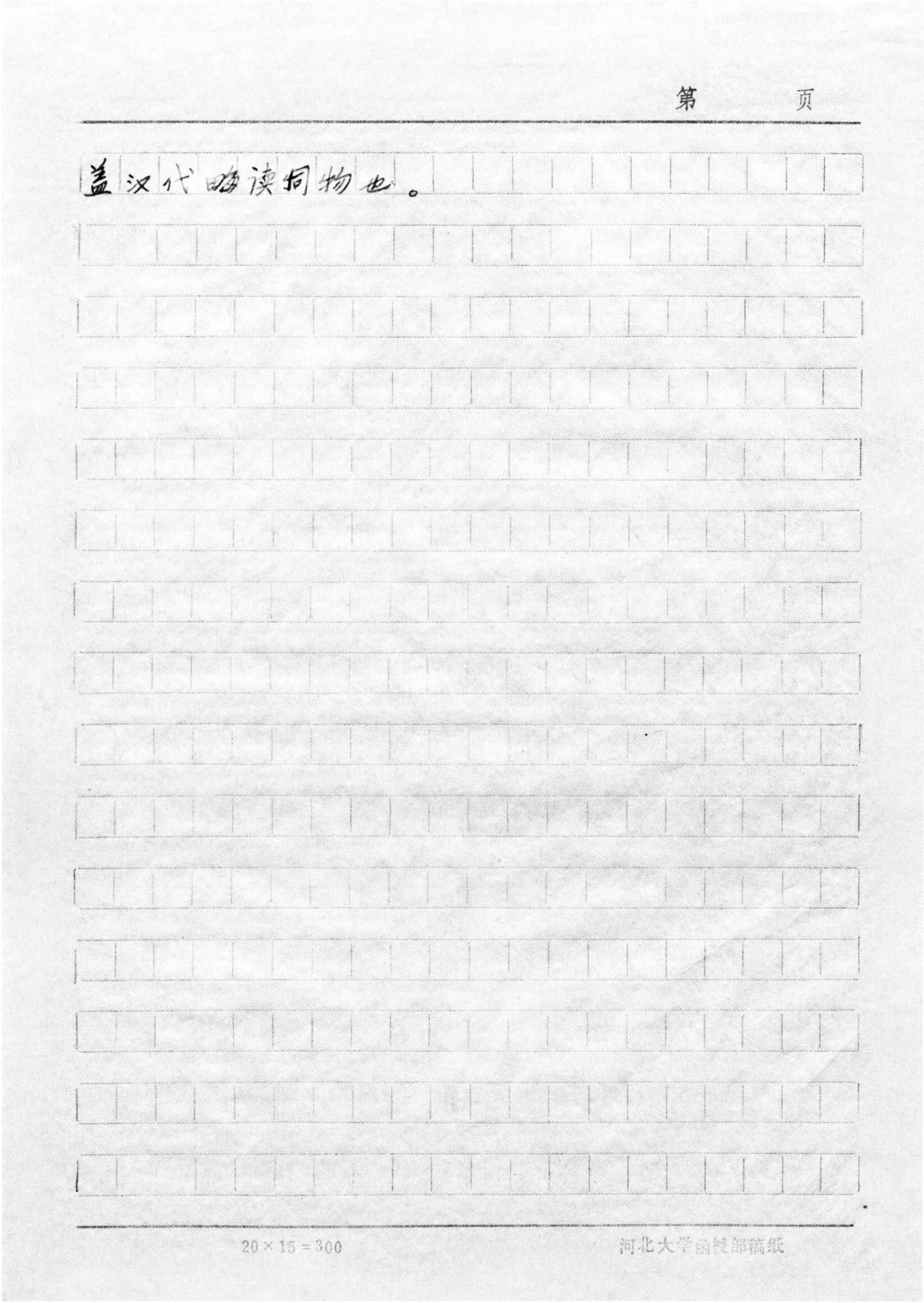

第　　页

盖汉代晦读同物也。

20×15=300　　河北大学函授部稿纸

第　页

三、益声。

益声者，加注声符之谓也。有本为象形、会意而加声符者，有本为形声字而易形为声者，有本为形声字而变声为二声者，举例如下：

⿸幽孚　甲本：⿸幽孚呵鸣呵。

按："⿸幽孚"即"幽"字。傅奕本作"幽"。《说文·丝部》："幽，从山，丝，丝亦声。"許说不确。甲文幽字作"⿱丝火 ⿱𢆶山（后下九、五）"。李孝定《甲骨文字集释》云："栔文从丝，从火会意，丝缕微眇，得火而始可见也。"是"幽"本为会意字；帛书作"⿸幽孚"者，加注浮声也。"浮"、"幽"上古皆为幽部字。

蝎　甲本：逢（蠭）刺（蠆）蝎蛇弗螫。

按："蝎"字乙本作"虫"。《说文·虫部》：虫，一名蝮，博三寸，首大如擘指，象其卧

第　　页

形"。"虫"本象蝮蛇卧形，帛書作"螺"者，加注"畏"声也。"虫"、"畏"韵部相同。（段玉裁《六書音均表》虫声、畏声俱属第十五部）

哭　乙本：哭国相望。

按："哭"字傅奕本、王注本俱作"鄰"。字从"粦"声。"鄰"古亦作"厸"。《書·益稷》"臣哉鄰哉，鄰哉臣哉"。古文尚書作"厸哉"。《汉書·叙传》："亦厸德而助信"。師古曰："厸，古鄰字"。《文选·班孟坚·幽通赋》："东鄰虐而殲仁兮"。《汉書》作"厸"。汉碑又作"吅"。孫根碑："至於东吅大虐戕仁"。衡立碑："宜享难老，彭祖為吅"。娄洪书造《隶释》、顧南原《隶辨》俱释"吅"為鄰。盖"吅"从二口，"厸"从二厶，会比鄰之意也。帛書作"哭"者，加注文声也。《易·蒙》："以往遴"。虞本"遴"作吝（《说文》"吝"字下引作"吝"，"遴"字下引作"遴"。）此文声、粦声相通之证也。

禒　度尚碑：匪禒是荣。顾云：即禄字，变彔从虍。

按："禄"字本从示，彔声。碑变作"禒"者，从虍声，彔省声也。虍声上古音属鱼部，彔声上古音属屋部。

馥　斥彰长田君断碑：芳馨馥芬。顾云：馥亦从复，碑復变作复。

按："馥"字本从香，复声。碑变作"馥"者，从父声，复省声也。父声上古属鱼部字，复声上古属屋?部字。汉代鱼、屋二部音相近也。

蓛　0403：以茅蓛之宝戏，具白茅而已矣。（曼、一三）

按："蓛"即"茨"字。"茨"本从次声，汉简变作"𥳑"者，从甲声、次省声也。甲声、次声上古俱属脂部字。

戯　李翊夫人碑：於戯夫人。《字原》云：即戲字。

按："戲"本从戈，虘声，上古音属歌部字，碑变作"戲""戯"者，易从戈为从亏声也，亏字上古音属支部字，支、歌二部音最近也。

踈　周憬功勳銘：禹不決江踈河。

按："踈"即"疏"字。《说文·𠫓部》："疏从㐬，从疋，疋亦声。"碑变作"踈"者，易从㐬为从束声也。"疏"上古音属鱼部字，"束"上古音属屋部字，鱼、屋二部音近，汉代每不分。

✓　國　斥彰長田君斷碑：討國畔柬。顧云：《礼记·王制》："以讯國馘告。"郑氏注云：馘或为国。此碑则变首为国。

第　页

按：《说文》馘字作"聝"，从耳，或声，经传相承作"馘"，从首，或声。碑作"⿰國或"者，易从耳，从首为从國声也。"國"、"馘"上古俱属见纽職部字。

耻　譙敏碑：耻与邻人犨竝拾驱。顧云：《说文》恥从耳，从心，碑变从止。

按：《说文·心部》："恥，从心，耳声。"碑作"恥"者，易从心为从止声也。恥、止上古音俱属之部字。

魋　周憬功勳銘：殄绝犂魋。洪适云：以犂魋为犂堆。顧云：《楚辞·天問》鬿堆焉處。注一作鬿魋。

四、讹声

形声字本从甲声，因形近而变从乙声，然甲、乙之声远隔也，是谓讹声。举例如下：

岐　侯成碑：其先出自豳岐。顾云：豳岐之岐《说文》本作郊，重文作岐，从千支之支。碑则讹变从攴，攴即撲字，与支异。

按：《说文》岐为郊之或体，从山，支声。碑字作"岐"者，攴非声矣。又孙叔敖碑："见技首蛇"，"技"即"枝"字也，亦即岐字也。字从支声，碑亦变从攴。

√ 離　景北海碑阴：甾離墓側。顾云："《颜氏家训》以離側配禹為世俗書，《经典释文》條例亦謂離边作禹，直是字讹。諸碑離或作離，相仍積習，有所自來。"

按："離"字本从隹，离声。碑变作"離"

第　页

“咼”悲離之声也。又韩勑碑“離败圣舆”，離亦作“離”，与此碑同。

遐　北海相景君铭：路遐孳亲。顾云：遐从叚，碑讹从段，段音徒玩切，与叚异。

按　顾说是也。景北海碑阴，韩勑两侧题名“瑕”字俱作“瑕”，“叚”声亦误作“段”。

陽　韩勑碑：三陽吐图。顾云：《说文》陽从昜，昜从日一勿，与易字不同。易上从日，碑从易，讹。

按：顾说是也。汉隶碑从易，从昜得声者多互讹。此碑“陽”字，曹全碑“楊”字皆讹从易。银雀山汉简0895：“虚者心悠（怵）惕”。“惕”即惕字，字本从易声，简讹从昜声。

綀　张迁碑：隐练职位。

按：“綀”即“練”字，其字从柬声，碑变

20×15=300　　　　河北大学函授部稿纸

从束。

結　0420：吾将固其結。（孫上、一一）

按："結"即"結"字。"结"本从糸，吉声，簡作"結"者，谓"吉"声为古也。

闗　0502：审闗籥，計百官……（阴、六）

按："闗"即"關"字，"關"从門，𢇍声，簡作"闗"者，"𢇍"、"絲"形近，因误从絲也。又0902簡："閉闗辞交"，2820簡："……病闗市"，"關"字俱误从絲。

第　页

五　异　构

本文所论异构，包括文字结构变易、形声字形、声俱易、偏旁易位三种。分述如下：

一　结构变易

某字本属六書之此書也，变為他書者，是谓结构变易。

⿵門視　吴仲山碑：未尝⿵門視城。顧云：魏孝文比干墓碑闚亦作⿵門視。

按："闚"字《说文》作"闚"，从門、規声。於六書為形声。碑作"⿵門視"者，从視、門，会意。

✓　⿱軫土　甲本：和其光，同其⿱軫土。

按："⿱軫土"字《说文》作"⿱麤土"，从麤，从土会意，帛書作"⿱軫土"者，从土，轸声，变会意

第　　　页

为形声。

✓⿰口相，甲本：五味令人口⿰口相。

按："⿰口相"字乙本、王注本、傅奕本俱作爽。《说文》"爽"从㸚，从大会意。此作"⿰口相"者，从口、相声，变会意为形声。

✓⿱羽非　古佚書：嬰＝於⿱羽非，差馳其羽。

按：此引《詩、邶風、燕燕》文。"⿱羽非"字今毛诗作"飛"。《说文》："飛，鳥翥也。象张翼之形。"帛書作"⿱羽⿰非非"者，从羽，非声也，变象形为形声。

鞿《字類》：《汉書、刑法志》：以鞿而御駻突。晋灼曰：古羈字，馬络头曰羈。

按："鞿"字《说文》作"罵"，从网，从馬。或文作"羈"。"罵"本会意字。《汉書》作"鞿"者，从革，幾声，变会意为形声也。

20×15＝300　　河北大学函授部稿纸

二　形声俱异：

文字非造自一人之手，非产於一時一地。此時此地已有其字矣，以其流布未广，他時他地之人未之見也，因另造一字。他時他地之人所造之字与此時此地所造之字未必相吻合也，同~~形~~字异形於兹遂生矣。

覟　张寿碑：覟々虎視。《字原》云即耽耽字。顧云：《易·頤卦》虎視眈々。《釋文》云：虎下視皃。其字从目，与耽乐字异。《字原》误也。《玉篇》：覟，内視也。与眈义相近，非以覟為眈。或古易眈作覟，未可知耳。

按：《説文·目部》："眈，視近而志远也。从目，冘声。《易》曰：虎視眈々。"是虎視之字本作"眈"也。碑作"覟"者，从見，甚声，

第　　页

与晚同字而形声俱乖。

柉　韩勑碑：笾柉禁壶。《隶释》云：柉音凡，木名也，皮可为索。顾云：《隶释》盖据《集韵》释之。柉与笾禁壶并列，皆勑所造礼器。柉可为索，非礼器也。《博雅》盕，杯也。《集韵》音凡，或作盕、⿰皿乏。⿰皿乏与柉同音，或是借柉为盕。"

校："柉"与"盕"，同字异形也。《太平御览》引《通俗文》曰："浆杯曰盏，或谓之盕。""盕"从皿，乏声，"柉"从木，乏声，以其为器也，故从皿作，以其为木质也，故从木作。"柉"与"盕"实一字之变异，与《集韵》皮可为索之"柉"乃同形异字。洪适释此碑"柉"为木名，顾南原谓此碑柉字借作"盕"，皆非。又《说文·缶部》有"䍇"字，训下平缶也，疑与柉、盕

20×15=300　　　　河北大学函授部稿纸

第　　页

为同字。

⿱旤心　甲本：⿱旤心莫大於不知足．

按："⿱旤心"字乙本、傅奕本、王注本皆作禍．"禍"从示，咼声。帛书《老子》甲本作"⿱旤心"者，从心，旤声也。《荀子・仲尼篇》："犹恐及其旤。"《汉書・五行志》："時則有鸡旤。"旤即"⿱旤心"之省，朱駿声以为借旤为禍，非是。

⿰圭見　乙本：不⿰圭見於牖。

按："⿰圭見"字傅奕本、王注本俱作"窺"。《说文・穴部》："窺，小視也．从穴，規声。"帛書乙本作"⿰圭見"者，从見，圭声也。帛書甲本作"規"，即"窺"之消也．

⿰王菜　甲、乙本：道者，万物之注也，善人之⿰王菜也。

按："⿰王菜"字傅奕本、王注本俱作"寶"。《说

第　　页

文、宀部》："寶，从宀，从玉、从貝，缶声。"帛書作"璞"者，从玉，葆省声也。字又作"⿰王呆"，帛書乙本："我有三⿰王呆"。"⿰王呆"从玉，呆声。呆，古文保也（見《説文》）。"寶""璞""⿰王呆"皆一字之变易。

脂部之入"質"

梓　乙本：萬物艸木之生也柔梓。

按："梓"字甲本、傅奕本、王注本俱作脆。《説文、肉部》："脃，小耎易断也。从肉，从絕省声。"（无"声"字）字本月部字，音转入歌部，变从危声，（支部）經传相承作"脆"。帛書《老子》乙本作"梓"者，以其言艸木也，故从木作。卒声上古音属物部，月部、物部音最近，故段玉裁不分（見《六書音均表二》）。"梓""脆"形声虽异，实一字也。

閡　甲本：邦家閡乳（乱），乙本：国家閡

20×15＝300　　河北大学函授部稿纸

乿（乱）”

按："悶"字王注本、傅奕本俱作"昏"。《说文·日部》："昏，日冥也，从日，氐省……一曰民声。"汉碑"昏"字多从民声作"昬"。帛書《老子》作"悶"者，从心，門声也。"悶"、"昏"形声俱异而為同字。又帛書《老子》"悶"字亦作"閔"，与此"悶"字乃同形异字者也。

锵　古佚書：黄帝於是出其锵钺。

按："锵"字不见《说文》，其字本作"斨"。《说文·斤部》："斨，方銎斧也。从斤，爿声。"以其為斧屬也，故从斤作，以其為金屬冶製也，故从金作。"锵"、"斨"实一字之变异。与《玉篇》训金石声之"锵"乃同形异字。

罾　古佚书：曰之（当）龙之罾。

按："罾"即"旌"字。《说文·㫃部》："旌

第　　页

游車載旌。析羽注旌首，所已精进士卒。从㫃生声。"以其析羽注旌首也，故字又从羽作。生声、青声上古俱属耕部字。

⿰彳术　0806：⿰彳术但（袒）免枕君。（晏、一二）

按："⿰彳术"即"遂"字。今《晏子·内篇杂上》正作"遂"。《說文·辵部》："遂，从辵，㒸声。"汉简作"⿰彳术"者，從彳、术声也。术、遂上古皆属物部字。

錧　2456：脩闌閉，鑄錧籥。（阴、四）

按："錧"即"管"字，涉上"鑄"字又以其为金属所製而易从金也。完声、官声上古皆属元部字。

彲《字類》：《史記·齐世家》："非龍非彲"

按："⿰麗彡"即"螭"字，"螭"本从虫，离声。作"⿰麗彡"者，变从彡、麗声也。"彲"从彡，与

第　　页

"鬽"字从彡同意。

姗　《字類》、《汉书·诸侯王表》：姗咲三代，《王尊传》：倨嫚姗上。古訕字。

按：《説文·言部》："訕，謗也，从言、山声。"《女部》："姗，誹也。从女、删省声。"訕、姗音义同，乃一字之变异也。《说文》多异部重文，此其一例也。

20×15＝300　　河北大学函授部稿纸

第　　页

三、偏旁易位

汉人用字，偏旁位置往往移易。其偏旁有上下相移者，有左右相移者，亦有中外相移者，复有上下与左右相移者，今各举数例，分述如下：

(一)、上下相移。

√ 崈　袁良碑："魁崈协同"。顧云："《古文尚書》崇皆作崈。《汉書·郊祀志》以山下户三百封崈高為之奉邑。師古曰：崈，古崇字。"

按：《說文·山部》："崇，嵬高。从山，宗聲。"字本山旁居上。汉碑若孔龢碑、华山庙碑等亦作"崇"，与《說文》篆同。此碑则移山於下。

20×15=300　　河北大学函授部稿纸

第　　页

嶽　孔庙碑："東嶽黔首"。衡方碑："出守中嶽"。

按：五嶽字篆作"嶽"，山居上。汉碑若華山庙碑，桐柏庙碑、白石神君碑山亦居上，此二碑则移山於声符之下。

昦　华山庙碑："丞張昦"。顧云："即昉字，移日於上。"

按：顧说是也。"昦"通作"昉"。

魏　鲁峻碑阴："魏郡"。衡方碑："恢魏絳之和戎"。又见孔庙碑、韩勑两侧题名。

按《說文》"魏"字作"巍"，《嵬部》：巍，高也。从嵬，委省。"嵬"字篆作"嵬"，山居鬼上，碑则移山於鬼下。杨著碑阴、陈球后碑、武梁祠堂画像、杨君石門頌、華山亭碑均作"魏"，与篆同。后世分"巍"為巍高字，省

20×15＝300　　河北大学函授部稿纸

山之魏为魏郡、魏姓字，初本一字也。

(二)左右相移：

絃　孫叔敖碑：去不善如绝絃。

按："絃"即"弦"字。《说文》"弦"字篆作"弦"。《弦部》曰："弓弦也。从弓，象丝轸之形。"碑则变"玄"为糸，移於弓左也。汉简弦字亦多作絃。如1282简："以肠絃章。"1315简"孔子盛为容饰以尽世絃歌。"並其例也。

√孜　汉镜铭：作佳镜哉真大孜。

按："孜"即"好"字，子、女互易其位。

朗　白石神君碑：光远宣朗。衡方碑：高朗神武。

按：《说文》朗字篆作"朖"，左形右声。汉碑亦或作"朖"。殽阬神祠碑："扬朖国光"是也。作"朗"者，左声右形也，今楷仍之。

第　　页

⿰奥阝　武斑碑："领校秘⿰奥阝。"《字原》云："义作奥。"顧云："即隩字，移阝於右。"

按：婁、顧二氏之説俱是也。其字本作"奥"《説文·宀部》："奥，宛也。室之西南隅。从宀，类声。"《𨸏部》："隩，水隈厓也。从𨸏，奥声。"奥、隩皆俱宛曲之義，"隩"即"奥"之后起加旁字也。譙敏碑："深明典隩"，典隩即典奥也。或说"隩"為"奥"之段字，非也。此碑秘奥字作"⿰奥阝"，即"奥"之加旁字"隩"，移𨸏旁於右也。

螎　张表碑：高朗令螎。顧云：移鬲於右，如獨為獸，朖為朗，胡為䏸之类。《佩觿》所谓来引是也。

按：顧说是也。他碑若范式碑、刘寬碑、白石神君碑皆作"融"，与《说文》同。此碑独

第　　页

作"蝪"者，变左形右声为左声右形也。

胡　駱氏镜铭："胡口殄口天下服。"《隶续》云："反胡为胡。"

按："胡"字篆为左声右形，鲁峻碑阴胡字与篆同。此碑作"胡"，变为左形右声矣。

鶉　度尚碑："岁在鶉尾。"衡方碑："鶉火光物。"

按："鶉"字《說文》本作"鷻"，从鸟，敦声，省作"鶉"。高彪碑："月次鶉火"是也。复移鸟於右作鶉，上举二碑是也。

猷　袁良碑："平仲小国之卿，其俭猷称。"《隶释》云："以猷为猶。"顾云："《玉篇》猷与猶同。《尔雅·释诂》：'話猶载行訛言也。'《释文》云：'猷字亦从犬。'《書·盘庚》

20×15＝300　　河北大学函授部稿纸

第　　页

其猶可撲灭，古文尚书作猷。盖猶即猷字移犬於右耳。后人始以猷為謀猷字，猶為尚可之辞，不相通用。"

按：顧說是也。金文猶、猷互作，乃一字。《說文》有猶无猷，盖秦统一文字，以猶為正字也。汉碑猶、猷俱見，猶尚之猶、猷谋之猷互作。若此碑"其俭猷称"，用"猷"字；杨统碑"纂兹英猶"用"猶"字，与今用字正相反，盖當時乃一字无别也。

秋　孔龢碑："孔子作春秋。"北海相景君銘："仲秋□□。"孔宙碑："治尹氏春秋。"

按：《說文》"秋"字本作"秌"，碑則移禾於左。今字作"秋"，与汉隶同。

(三)　内外相移：

弼　張迁碑："建忠弼之謨。"

按：《說文》"弼"字作"㢸"，見《弜》部。周憬功勳銘："弼水之邪性"，字作"弻"，与《說文》同。此碑作"弻"者，移"百"於内也。今字仍之。

裴｜裵

恒　郙閣頌："恒失日晷。"

按："恒"字篆文心居下乚上二横之中，汉碑若樊敏碑亦作"亙"，心亦居二横中間。此碑作恒，移心於外也。今字仍之。

四：上下、左右相移

防　校官碑："董兹字公防"，顧云："即房字。唐公房碑：'君字公防'。房亦作防。《隶释》云：隶法房字其户皆在側，故人多不晓，或作防，或作昉，皆误也。據此，则今本《史记·武帝纪》芝生殿内防中，《汉書·沟洫志》筑宫其上名曰宣防，皆房字傳写之。

第　页

谤也。"

按：顾说是也。篆文房字方居户下，碑则移方於右。

嶷：刘熊碑："岐嶷踰绝"。

按："嶷"字篆作"嶷"，郑固碑："善性形於岐嶷"。桐柏庙碑："主傅安众邓嶷"，字皆与篆同，此碑作嶷，移山於左也。

攀　繁陽令杨君碑："吏民攀辕"。魏横海将軍吕君碑："攀慕无极"。

按：《說文》𠬜之重文作"㩭"，刘脩碑："扣馬㩭輪"字与《說文》重文同。此二碑作"攀"者，移手於下也。

群　夏承碑："兼览群艺"。

按："群"字篆作"羣"。鲁峻碑、北海相景君铭"群"字亦作"羣"，羊均居下。此碑作群

20×15=300　　河北大学函授部稿纸

第　　页

移羊於右也。

愘　魯峻碑："敬愘恭儉。"顧云："即恪字。《說文》本作㤩，碑則移心於旁。"帝堯碑"若不虔㤩愘"，魏孔羨碑："追存三代三愘之禮"，恪皆作愘。

按：顧說是也。"㤩"移旁作"愘"，复省从各聲作恪。孔彪碑、祝睦碑"㤩"皆作"恪"，是也。今字仍之。

蹵賓　馮君开道碑："蹵賓"。《字原》云："即蹙頞字。"

按：娄說是也。《說文·新附》"蹙"字作"蹙"。《頁部》"頞"字作"頞"。碑則移"蹙"下之足於左；移頞左之安於上，复省頁為貝也。

䗺　2210：……䗺鳴早日已至口……（阴、四）

按："䗺"即"蝉"字。"蝉"字篆作"蟬"

20×15＝300　　河北大学函授部稿纸

第　页

左形右声，汉简作"畱"者，上声下形也，"留"即单省。

第　　　页

六、同　化

两字或多字偏旁、笔画本不相同，此偏旁与彼偏旁義亦不通，因為隶变，使得此偏旁与彼偏旁形体近似。書者不辨，因写此偏旁同彼偏旁，致使两字或多字偏旁、笔画本不相同者变為相同，此之謂同化。举例如下：

考　郑固碑：“以慰考妣之心。”

按：《説文·白部》：“者，别事詞也。从白，𣥂声。𣥂，古文旅字。”隶作“者”，变“𣥂”為“耂”。又《老部》：“考，老也。从老省，丂声。”隶一变為“考（夏承碑）”，再变為“考（北海相景君銘）”，以“丂”与“耂”形近也，因書老省之旁同“者”字所从之旁。又司馬季德碑“考”字作“考”，亦為“者”字所同化也。

第　　页

摻　議郎元賓碑："即有殊摻"。顧云："《博雅》摻，操也。《詩》：摻执子之袪兮。《释文》音所覽切。《五经文字》云：摻与攕同。皆非也，以此碑及《博雅》证之，摻即操字操变為摻，亦变為摻，从絫从參者，絫參本一字也。"

按：《説文·手部》："操，把持也，从手，喿声。"《品部》："喿，鳥群鸣也，从三口在木上。"是"喿"本从木也。其所以变化"絫參"者，由隶書操字作"操"，"喿"下之"木"，与《説文》"朩（尒）"字形近也。隶書"尒"字作"介"，故"操"字同或化作"摖"（校官碑）也。"藻"字或同化作"滲"也（张平子碑）。此其一变也。隶書从"介"之字每变从"㐱"，从"㐱"之字亦变从介，如"參"字《説文》作"曑

月出：劳心慘兮　朱熹以慘为懆误

第　　　页

从今得声。唐扶頌"參"字則書作"叅"。又如"殄"字亦从今為声也，而度尚碑、孔彪碑則書作"𤥐"；"珍"字亦从"今"為声。郑固碑、祝睦碑則書作"珎"。从"今"之字同化為尒，从尒之字亦同化為今。故"摻"字元賓碑書作"㨻"。"蔘"字苑鎮碑書作"䕢"也。

琴　帝尧碑："或弦琴口口口一"。

按《說文、琴部》"琴"字作"珡"，隶或作"琹"(鲁峻碑)，即篆体之稍变也。隶或变从今聲作"琴(孔彪碑)"。汉碑"今"字多作"尒(西狭頌)"，故"琴"字又作"琹(馬江碑)"。郑固碑"珍"字作"珎"，祝睦碑同。或加筆作"琭(韩勑碑阴)"。"佘"与"尒"形近，故此碑"琴"字同化作"瑹"也。

第　　页

𡗕　华山庙碑："𡗕尉唐佑"

按："左"本从"𠂇"，"𠂇"即左手之本字也。碑变从"𠂇"，"𠂇"即偏旁"才"字也。汉碑"𠂇"、"𠂇"偏旁每多互作。若"在"字本从"才"也，汉碑若桐柏庙碑、華山庙碑、曹全碑、夏承碑、蔡谌颂"在"字皆从才是也。而韩勅碑"在"字则書作"𡗕"，造桥碑则書作"𡗕"，孔耽神祠碑書作"𡗕"，皆从"𠂇"。又如"存"字亦从"才"也。華山庙碑、婁寿碑字皆从才是也。而曹全碑"存"字则作"𡗕"，字从"𠂇"。

镸　吴仲山碑："事镸接务。"

按：長幼字汉碑多作"镸"，其下"𠃊"与"甚"字所从之"匹"相近，因同化作"镸"也。《說文》："甚"字从甘从匹。诸碑"甘"旁多

20×15=300　　河北大学函授部稿纸

第　　页

書作"甘"，"丗"，或连"皿"之上筆作"甘"，皆為"其"字所同化也。

紂　味色碑："已紂姦宄。"

按：《說文》"糾"字本从丩，"丩"篆作"ㄐ"，隶变作丩。丩与隶書刀之作刂形近，故诸从丩之字皆多書作从刀也。若此碑糾之作紂，校官碑"赳"之作"赳"、衡方碑之作"剅"，李翊夫人碑"收"之作"攴"，皆是也。

✓　沿　光庙碑："餝（飾）治大壓。"

按："治"字本从"台"声，汉隶从"厶"之字多写作从"○"，"○"与"口"形近，故此碑治字同化為"沿"也。戚伯著碑："議者观始。"始字作"始"，其变与此碑正同。

擾　光庙碑："擾旋璣之政。"

按：《說文》"據"字从"豦"，"豦"从虍从豕。汉碑"據"字或变作"㩀(北海相景君铭)"、作"㩀(衡方碑)"，与汉碑"䖏"字形体相同。"處"字本从処，虍声。"処"字从几从夂，隶变之则为"䖏(韩勑碑阴)"，再变而为"䖏(楊信碑)"，三变而为"䨏(孫叔敖碑)"。变虍为雨，裂夂为双。"䖏"字变作"䨏"，故"據"字亦变作"㩀"也。

√報　白石神君碑："或析或報。"

按："報"字本从幸从𠬝。"𠬝"字从又。碑则一变为"報(魏孔羡碑)"，再变为"報(孔龢碑)"。"尺"与汉碑"欠"字极似，故此碑報字复变从欠也。

又，汉碑"報"字或书作"報"(華山庙碑)，作"報"，变"又"为"叉"、为"叉"。繁陽令楊君碑"服"字作"服"，魯峻碑"服"字作"服"

第　　页

亦变"又"為"叉"，為"叉"，此因"又"、"叉"形近而变也。"又"变作"叉"，复增笔為"叉"。逢盛碑"蚤"字書作"蚤"，变"叉"為"又"，亦因形近而同化也。

析　張迁碑："陽氣厥析。"顧云："《廣韻》析俗析字。孔耽神祠碑：苗胄析離，析亦作析。"

按：隶書"片"、"斤"形近，故汉碑从斤、从片多通作也。孔耽神祠碑："亡新之際。""新"字作"新"，亦变"斤"為"片"。孔龢碑阴："補名状如牒"、羊竇道碑："随牒除郎官。""牒"字《説文》本从片，而此二碑書作"斤"者，亦由形近而同化也。

雅　衡方碑："蓋雅頌兴而清廟肅。"

按，《説文》"雅"字从隹、牙聲。汉隶牙

第　　页

耳形近，故牙字或書作"耳"（郑固碑），从牙之字亦变从"耳"。史晨后碑："蔼邪反乙"。"邪"字作"耶"。韩勑碑阴："鲁孔曜仲雅"。又韩勑两侧题名："赵宣字子雅"。史晨后碑："雅歌吹笙"。诸"雅"字皆变从"耳"是也。汉碑"身"、"耳"形又近，故复变"雅"字从"身"，"雅"之从身，犹"聽"之作"⿰身恴"（灵台碑："遂见⿰身恴□"）也。

瘿　孔庙碑阴："钜鹿瘿陶"。顧云："《汉書地理志》作廮陶，其字从广。碑盖以瘿为廮也。"

按：碑中"瘿"字即"廮"字也。汉碑从广之字多变从疒，从疒之字亦变从广。冯绲碑"上⿸广丙"，"⿸广丙"即"病"字。字从本疒，而碑变从广；又如"癰"、"瘠"、"瘱"諸字本皆从疒；

20×15＝300　　河北大学函授部稿纸

碑亦变从广，至今仍之。此"疒"变作"广"者也。又如"廬"、"廉"、"序"、"庾"、"废"諸字本皆从广，碑皆变从"疒"，此皆以形近而同化也。此碑"廮"之作"瘿"，亦变"广"从"疒"也。《説文、疒部》："瘿，颈瘤也。从疒、婴声。"义与碑无涉。与碑中"瘿"字乃同形异字，非借瘿为廮也。

√ 股　鲁峻碑阴："平原股"。顧云："《汉書、地理志》作般，其字从舟，碑变从月，与股肱之股无别。"

按，汉碑从月、从舟，从肉諸字皆变从月。若"服"、"前"、"朝"、"船(舩)"諸字本皆从"舟"作也，而碑变从"月"。"膺"、"胥"、"胸"等字本从"肉"作也，碑亦变从月。与从日月之月者无别，至今仍之。

第　页

霸　魯峻碑："有黃霸召信臣在潁南之歌"。顧云："《說文》霸从雨，碑变从虍。今俗作霸，非是"。

按：汉碑从"虍"之字多变从"雨"，以隶书"虍"旁作"雨"，与雨近形也。若處之作處、嘑之作"嘑"、"虧"之作"虧"皆其例也。从雨之字又或变从虍。此碑"霸"字作"霸"、帝尧碑"靈"字作"靈"（字亦見東海庙碑、唐扶頌）是其例也。

勃：石经尚書残碑："乃勃乃宪"。顧云："《書·无逸》作乃逸乃諺。逸与勃古蓋通用"。

按："勃"即"佚"字也。碑涉義易亻旁从力作。"先"即"失"聲之变也。汉隶失字作"先"与"先"字形极近，故失字同化為先也。《說文》"規"字本从"夫"作。《郑固碑》："从其本規"，

20×15=300　　河北大学函授部稿纸

“䂓”字作“由䂓”，变从失。而北海相景君铭“規矩榘模”，韩勑碑阴：“吕規字仲規”。“規”字皆作䂓，复变失从先。此“勑”字之“先”即為失旁之讹也。《説文》无“勑”字。顧氏謂“勑”与“逸”古盖通用，殆不辨“勑”即“佚”字之变也。

魚　孔庙碑阴：“泰山費魚淵”。

按《説文》“魚”字篆作“[illegible]”下之“火”象魚尾之形，非从水火之火也。汉碑火旁居下者皆变作四点。“魚”之下部篆文与火相近，因变魚亦从四点也。又若“燕”字篆作“[illegible]”，下象燕尾之形；“鳥”字篆作“[illegible]”，其下之“[illegible]”乃象鳥足之形。“馬”字篆作“[illegible]”，象馬头鬃尾四足之形。此数字其下皆有所象，而所象不同，碑則俱变从四点，遂與火之变為四点者无别矣。

第　　页

癘：衡方碑："砥仁癘口"。顧云："经典礪通用厲，碑則以癘为厲。武班碑：'口癘吏士'，厲亦作癘。《庄子·逍遥游篇》'使物不疵癘'。《释文》云：'癘，本或作厲。'癘与厲古蓋通用。"

按：顧説非是。汉碑从疒之字多变从广，从广之字亦多变从疒，（説見上"房"字条下）。此碑"癘"字即"厲"字也。汉碑"厲"字皆从广作，此癘字本亦从广也，以广疒多互用化，因变从疒也。

奏　孔龢碑："奏雒陽宫"。

按：《説文·夲部》："奏（奏）从夲，从収，从屮，屮，上进之義。"碑则上变为夫，下变为夭。又如"春"字篆本作"萅"，从艹从日，屯声。尹宙碑："治公羊春秋"，春字则書作春，变

20×15=300　　河北大学函授部稿纸

第　页

"芼"为"夫"。"秦"字篆作""，从禾、舂省声。华山庙碑"秦"字作"秦"，变"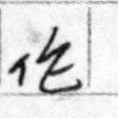"亦为"夫"。"泰"字篆本作""，从廾、从水，大声。汉碑泰字已作"泰"，变""为夫。"奉"字篆本作""，从手，从廾，丰声。汉碑"奉"字已变从夫作矣。奉、泰、秦、奏、春五字，其上本各異，汉变同化作"夫"，至今仍之。

勮　唐扶颂："察能治勮。"韩敕两侧题名："北海勮。"顾云："《説文》劇从豦，诸碑皆变从虡。""碑复变刀从力。"

按：《説文》有"勮"无"劇"。《力部》"勮，務也。从力，豦声。"顧謂"复变刀从力"，非是。字本从力，諸碑多变从刀也。《説文》新附字收入劇字，训甚也。不知劇即勮之隶变也。

20×15=300　　河北大学函授部稿纸

第　页

官：臧伯著碑："詡官沛土"。顧云："即官字变宀从穴。他碑从宀之字如宇為宇，寵為竉之類甚多。《字原》即释作官，复误释作宫。"

按：顧说是也。宀、穴形近，故诸碑从宀之字多变从穴，从穴之字多变从宀也。宀变穴已如顧説；穴变宀者，若窮字本从穴也，而汉碑则作"窮"，变从宀是也。

冠　北海相景君銘："四海冠蓋"。顧云："《説文》作冠，从冖，碑变从宀"。

按：《説文》："冠，絭也，所以絭髮，弁冕之总名也。从冖，从元，元亦声；冠有法制从寸。（非初形）"。汉碑从"宀"、从"冖"多互作。若"宜"之作"宜"，"富"之作"富"，皆变宀从冖者也。若"冥"之作"冥"，"冠"之作"冠"，变冖

20×15＝300　河北大学函授部稿纸

第　　页

从宀者也。

笱　0828：笱所求於民……（晏・九）

按："笱"即"苟"字。汉人书字，从竹、从艸每不分也。衡方碑："垂名竹帛"。"竹"字作"艹"。緜竹令王君神道碑："广汉緜竹令"。竹字作"艹"，与艹字无别。又西狭颂："三剖符守""符"本从竹，碑变从艹。又如"篤"字本从竹，孔宙碑作"⿱艹馬"，变从艹。"管"字亦从竹也而灵台碑、北海相景君铭"管"字俱变从艹。此皆为从竹之字变从艹之证也。又如"藝"字本从艸作，而张表碑书作"⿱⺮埶云"，变从竹。此从艸之字变从竹之证也。汉简"笱"字即"苟"字，与《说文》"曲竹捕魚具"之"笱"为同形异字。

汉字同化，甚为经见，其例不胜枚举，今

第　　页

特举其较着者如上，以見一斑也.

20×15=300　　河北大学函授部稿纸

第二部分

论“同形异字”与古书通假

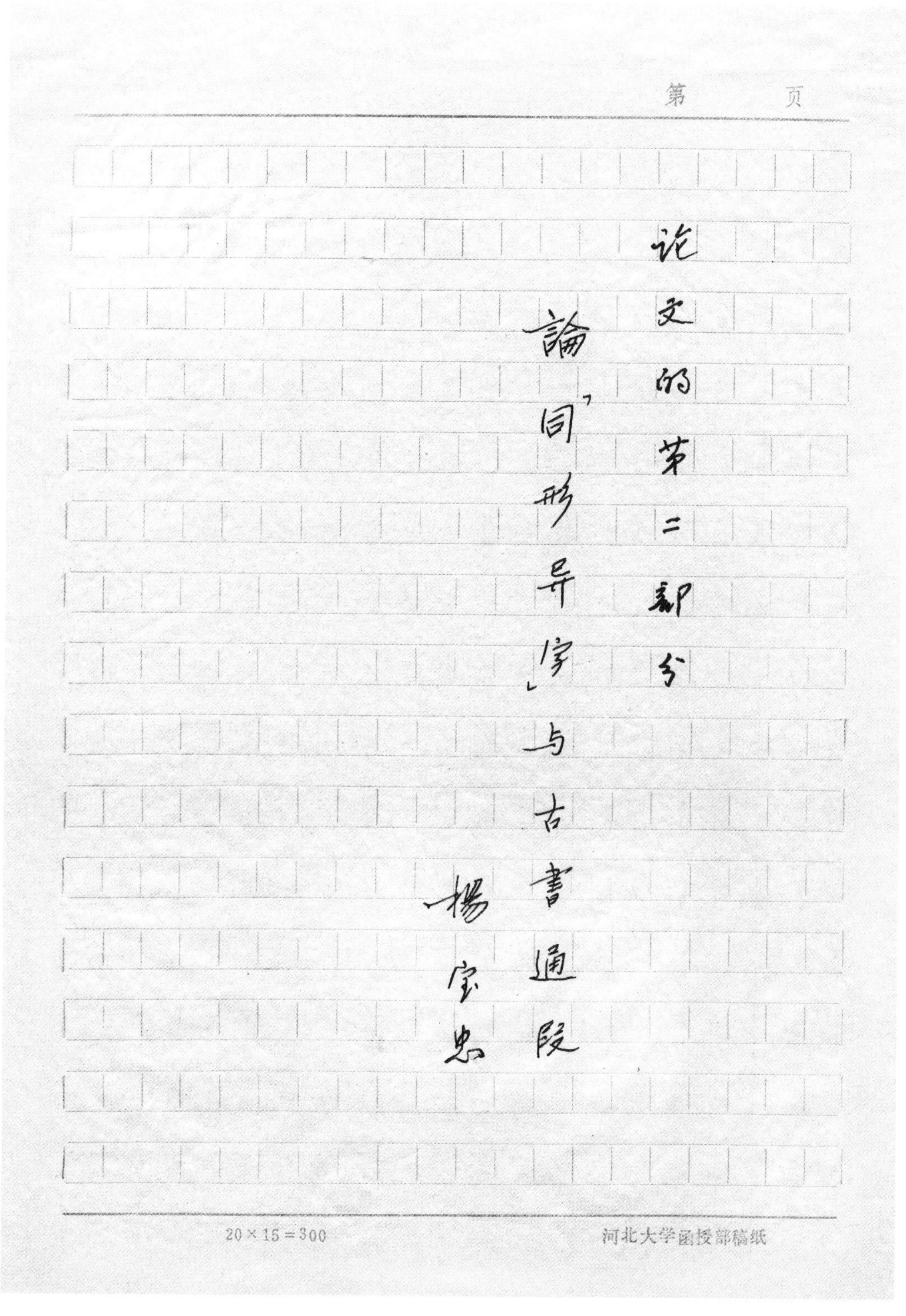
第　页

论文的第二部分

論「同形异字」与古書通叚

楊宝忠

20×15=300　　河北大学函授部稿纸

第　页

黄季刚尝論同形异字，曰："筆势不过一点一横一直一斜四者，故异字同形者多。而其势不得不有所避就。或小变其筆势，又或求字体之茂美，则增加其筆畫，亦有无可变易，而其势不得不同者。（《文字声韵训诂筆記》P24）"又曰："凡辞穷则同，筆势之无可变易，而其势有不得不同者。故《説文》中同形异字者不可胜計。如丨一形代表数字，上下同平读為混，即古昆字；即溷，上下不分也；即棞，不論枝本之大小，而皆以為柴薪也。引而上行读若囟，即古囟字，亦即古进字、古屖字，古小字小囟一声引而下行读若退，即古退字，亦即古出字。又如屮与艸同。豆為木豆，而登所从之豆则象乘

第　　页

石（秉石見周礼注）……是皆同形异字也。（同上P28）”又曰：“古文有一字而兩用者，如𩫖城郭，𩫖城墉，𡉚讀注，𡉚封之古文，𢆯申、𢆯玄、𢆯糸，冂郊门、冂墉之古文，諸字是。盖古文异字同体者多，同形异義者衆也。（同上P50）”《説文》中同形异字除《文字声韵训诂筆記》所列之外，尚有許多。今東其較著者，述之如下：《疋部》：“疋，足也，上象腓腸，下从止，古文以為足字。或曰胥字，一曰疋記字。”疋、足同形，皆象足形也，《説文》以為二字。《革部》：“鞈，防汗也。从革，合声。”《鼓部》又出“鞈”字，以為鼛之古文，鼛声也。（依段注）“防汗”与“鼛声”义不相涉也，而其字同形。《曰部》：“曶，出气词也。从曰，乚象气出形。一曰佩也，象形。”训出气词者，倏曶字也；训佩者，佩笏字也。是同一曶形而

20×15＝300　　　　河北大学函授部稿纸

為兩字者也。(古臣見君所秉之笏形似籀文𠂤也)《宀部》："寏，周垣也。院，寏或从阜，完声。"而"院"字又見《𨸏部》，训"堅也"。《网部》"罬，捕鳥覆車也。輟，罬或从車。"而《車部》重出輟字，训"車小缺復合者"。"𡰥"，《人部》以為古文仁。而~~《大部》~~又以為古文夷。(見段注)《口部》："哲，知也。"或体作"悊"。《心部》又見"悊"字，训敬也。《口部》："唾，口液也"，或体作"涶"，而《水部》又見"涶"字，训"河津也，在西河西。"《女部》："孌，慕也。"又以為籀文𡟤。(見"𡟤"字下)。段玉裁曰："宋本如此，赵本、毛本删之。因下文有孌慕也，不应複出，不知小篆之孌為今戀字，训慕；籀文之孌為小篆之𡟤，训順，形同义异，不嫌複見也。(语見段注《说文》𡟤字下)"《虫部》："蛾，羅也"。《䖵部》："䘉，蚕化飛虫也。蛾，或从虫"。《虫部》之蛾，今之蚁字也；《䖵部》之䘉今之蛾字也。凡上所举，皆為同形异字而显見於《說文》者。至如偏旁同形而异义者，更屬常見。今举一例，以概其餘。《說文·彡部》："彡，毛飾畫文也。象形。"《壴部》："彭，鼓声也。从壴，彡声。"甲文作"（前五、三四、一）"金文作"彭史尊"。李孝定《甲骨文字集释》以為"从壴，即鼓之初字。彡卜辞或作三，為鼓声之标志"。許君释彭為形声字，失其誼矣。《虎部》："彪，虎文也。从虎，彡象其文也"。《須部》："須，面毛也。从頁，从彡。"其字金文作"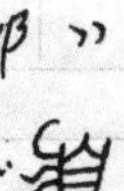易叔盨"。彡象人之須毛。《鬼部》："鬽，老精物也。从鬼、彡；彡，鬼毛。"是同一彡形也，而具鼓声、虎文、須毛、鬼毛數義。

文字肖见万物而生，万物之中，其形、其意有相似者，取象相似，此异字同形所从生也。譬如同一"屮"字，《説文》以為艸木初生也，讀若徹。"又云："古文以為艸字。"以其皆取象於艸也，遂使二字同形。除此之外，同形异字更為常見者，是由文字变易所致。文字变易产生异体，异体与已有之字形体偶然重合，此等現象，名曰同形异字。是同形异字产生之途与同音异形无以异也。俱由变易所致，不當一以為异体，一以為叚借也。且同形异字仅為形体相同，意义之间並无关係，音讀可同可不同；而叚借字之間形体多无关涉，音读必須相同或相近。叚借仅限於"本无其字"，同形异字則俱為"已有其字"，此叚借与同形异字之别也。前人於同形异字槩谓之叚借，其説多有可商，因詳論之如次：

第　　页

一　加旁

加旁有二，一曰涉义加旁，一曰涉上下文加旁。

一、涉义加旁，

緄　綏民校尉熊君碑、㠯示后緄。《隶释》云：以緄为昆。《顾云：《集韵》：緄通作昆。

按："后緄"之緄，经传皆作昆。《書、仲虺之誥》："垂裕后昆。"《汉書、叙传》："累征吴楚，武兴師旅；后昆承平，亦犹有紹。"此其证也。后昆紹续世系，因涉义"昆"旁加糸。"緄"之从糸，与"孫"之从糸，其义一也。是碑中"緄"字即昆之加旁字也。《说文、糸部》："緄，織帶也。"义与碑文无涉。碑中之"緄"与《说文》之"緄"乃同形异字。与后昆之昆为同字

20×15＝300　　　　河北大学函授部稿纸

异形，非借“織帶”之緄以為后昆字也。

⿰木范　逢盛碑：制中国⿰木范。《隶释》云：借⿰木范為笵。顧云：《类篇》：舥或作⿰木范。《博雅》云：舥谓之舩。

按：“⿰木范”即“笵”字之涉义加旁者。《说文·竹部》：“笵，法也。”朱骏声曰：“水曰灋，木曰模，竹曰笵，土曰型，金曰鎔。”“笵”為模具，以竹為之。后有以木為之者，因於笵旁施木。（⿰木范字右旁之范即笵字也。隶書从竹、从艹之字多混，詳見“同字形异”部分）《說文》无“舥”字，亦无“⿰木范”字。“舥”字始見於《广雅·释水》，“⿰木范”字始見於《淮南子·說林》（今《說林》舟⿰木范讹作舟楫，此依高注及王念孫说。王说見其所著《读書杂志》、《广雅疏证》）《集韵》、《類篇》並云：“舥或作⿰木范”。是训“船弦板"之梴与舩為同字也。以其為船舷也，故从舟，以其為木质也，故从木。至於逢盛碑中"梴"字，自是"笵"之加旁字，与"笵"為同字，而与《淮南》训"船弦板"之"梴"意义无涉，乃同形异字者也。洪适以為逢盛碑中之"梴"乃借"梴舷"之梴以為模笵字，非是。

埤　西狭颂：减高就埤。《字原》曰：又作卑。顾云：《易·系辞》：天尊地卑。《释文》云：卑，本又作埤，同。《汉书·刘向传》增埤為高。又《司马相如传》：其埤湿则生葴莨蒹葭。卑皆作埤。《荀子》：其流也埤下。杨倞注：埤与卑同。

按：《说文·𠂇部》："卑，贱也。执事者，从𠂇甲。"由低贱引申為低下，碑亦取低下之义也。以其言地势也，因涉义加旁作"埤"，遂与

第　　页

《土部》之"埤"同形矣。《土部》云："埤，增也，从土、卑声。"义於碑文无涉，与碑中"埤"字非一字也。《説文》又有"裨"、"朇"、"俾"、"婢"、"竨"、"猈"諸字。"裨，接益也（《文选·长笛赋》注引作"益也"。）""朇，益也，从會，卑声。""俾，益也，一曰門侍人也，从人，卑声。""婢，女之卑者也，从女，从卑，卑亦声。""竨，短人立竨竨皃。"朱駿声曰："字亦作矲。《方言·十》：'矲，短也，桂林之中谓短矲。'""猈，短胫狗，从犬，卑声。"其中训"益也"之"俾"与"裨"、"朇"，及训"增也"之"埤"音义相同，同字异形者也，此一字数形者，易旁所致也。训"門侍人"之"俾"与"婢"、"竨"、"猈"，及西狭颂中之"埤"音义亦同，亦同字异形者也。此一字数形者，加旁所致也。而训"增也"之"埤"与西狭颂之

第　　页

"埤"训"益也"之"俾"与训"門侍人"之"俾"，皆同形异字者也。此一形而二字者，加旁所致也。

浴　甲本：浴得一以盈。又、□□□若浴。乙本同。又："浴神不死"。

按："浴"字傅奕本、王注本俱作"谷"。河上公本作"浴"，与帛書同（見《释文》）。凡《老子》書中"谷"字，皆取义於"中央无者也"。其字本作"谷"。《说文·谷部》："泉出通川为谷。从水半見出於口。"以谷为溪谷也，因涉义加水旁。遂与《说文·水部》之"浴"同形矣。《说文》中"浴"字乃沐浴字也，与帛书"浴"字形同而非一字。汉简谷字亦多作"浴"。如：

△〇五六三："其半為山林溪浴。"〇五八一"溪浴古圖不得入焉。"

又《老子銘》"或有浴神不死"，谷亦作浴。

静　甲本：非以其无静。

按：乙本、王注本、傅奕本"静"俱作"争"

20×15=300　　河北大学函授部稿纸

甲本作"諍"者，涉争讓义而加言旁也。"争"字涉义加旁作"諍"，遂与《说文·言部》之"諍"同形矣。《说文》之"諍"训止，与帛书"諍"字义无涉。

淈，甲、乙本：天地之間亓犹橐籥与，虚而不淈，動而俞出。

按："淈"字王注本、河上本作"屈"。《释文》："屈，竭也。"帛书"竭"字作"渴"。如"谷无以盈将恐渴"，帛书《老子》甲、乙二本俱作"渴"是也。依《说文》竭尽字本作"渴"。《水部》："渴，尽也。"自饥㵣字省作"渴"也，因以"負举"之竭為竭尽字。"渴"训尽，屈亦训尽，帛书遂涉字义屈旁施水也。"屈"加旁作"淈"，遂与《说文·水部》之"淈"同形矣。《说文》："淈，濁也，一曰滒泥，一曰水出皃。"其义皆

第 页

与《老子》之“搰”无涉，非一字也。

蚤 甲、乙本：虎无所昔（措）其蚤。

按：“蚤”字王注本、傅奕本皆作“爪”。其字《说文》作“叉”，見《又部》。帛書作“蚤”者，虎亦虫也，因涉义叉下安虫作“蚤”。“叉”加旁作“蚤”，遂与《说文》“齧人跳虫”之蚤（見《蚰部》）同形矣。

晦 0314：晦朝致邑与爵。（晏、一二）

按：“晦”字《晏子春秋·内篇杂上》作每，以其言每日也，因於每旁加日。“每”加旁作晦，遂与《说文》“晦”字同形矣。《日部》：“晦，月尽也。”义与汉简中“晦”字无涉。

糧 0334：糧敌計险，胜。（膑、五）

按：“糧”即“量”字之异体。量者，料也。料字从米，量字因之亦从米作。“量”字加旁作糧

20×15=300 河北大学函授部稿纸

第　　页

遂与《説文》"糧"字同形矣。《米部》："糧，穀也。"义与汉簡无涉。汉簡"糧"字与《米部》"糧"字乃同形异字也。

櫡 《字類》：《史记·绛侯世家》：无切肉，又不置櫡。

按："櫡"即"箸"之加旁字也。《説文·竹部》："箸，飯攲也。"飯筷本以竹為之，故其字从竹，后有以木為之者，因於箸旁施木。"箸"加旁作"櫡"，遂与《说文》之"櫡"同形。《木部》："櫡，斫谓之櫡。"训本《尔雅·释器》，郭注曰："櫡，钁也。"《广雅》云："櫡谓之钁。"钁者，大鉏也。是《说文》之"櫡"与《史记》之"櫡"义不相涉也。

藲 0953：……發令静衆深垣藲歸老弱用兵……（阴·四）

第　　页

按："蘠"本作"牆"。简作"蘠"者，古多艸舍，故於墙上箸艸也。"牆"加旁作"蘠"，遂与蘠薇字同形矣。又石經論语残碑："辟諸宫墙"，脩华岳碑："墙屋倾亚"，"墙"亦作"蘠"。顧南原谓借蘠為牆，非是。

20×15＝300　　河北大学函授部稿纸

二、涉上下文加旁

1、涉上文加旁：

浴　0563：其半为山林溪浴……（守·七）又：0581：溪浴古（罟）罔不得入焉。

按：溪浴字本作"谷"，汉简作"浴"者，涉上溪字而加水旁也。"谷"字加旁作"浴"，遂与《说文》训"洒身也"之"浴"同形。"谷"字又有涉义加旁作"浴"者，说见上文"涉义加旁"中。

龘　0190：駻若蜚龘。（共·一）

按："龘"即"龍"字。《说文》："龍，鳞虫之长。能幽能明，能细能巨，能短能长。春分而登天，秋分而潜渊。"汉简书作"龘"者，涉上蜚字及其为鳞虫之义而加旁也。"龍"加旁作"龘"，遂与《说文》训"丁螘也"之龘同形。

第　　页

又1165简：“鳞蟲最明者蠪蛇”。龍字亦作“蠪”，涉上文蟲字及下文蛇字而加旁也。

晨　古佚書：日月星晨有数。

按：“星晨”字经传但作“辰”。《说文·辰部》：“辰，房星，天時也。”（辰本蜃之本字，象形，許说非初形、初谊。）時辰字而作“晨”者，涉上星字而加日也。“辰”加日作“晨”，遂与“早昧爽”之晨同形矣。

20×15=300　　河北大学函授部稿纸

第　　页

又1165简："鳞蟲最明者蠪蛇。"龍字亦作蠪，涉上下蟲及下文蛇而加旁也。

2：涉下文加旁：

㚰　费鳯碑：曰㚰为姓。《隶释》云，㚰即氏字。顧云：《说文》姼或作㚰。碑盖借㚰为氏，非即氏字也。

按：洪适以为㚰即氏字，是也。"氏"字而从女作者，涉下姓字而加旁也。"氏"加旁作㚰，遂与《说文》姼之重文同形矣。《女部》："姼，美女也。从女，多声。㚰、姼或从氏。"《说文》"㚰"与"姼"异形同字。费鳯碑"㚰"与"氏"异形同字。顧南原谓碑中"㚰"字乃借用《说文》"㚰"字，非也。

机　州辅碑：有机杖之赐。

按：《说文・木部》："机，机木也。"段注：

第　　页

《山海经》单狐之山多机木、族簡之山多松柏机桓。郭曰：机木似榆，可烧以糞稻田。音飢。按蓋即榿木也……机榿古今字。”机本机木字，与机杖无涉。机杖之机本作几。《说文、几部》“几、踞几也。象形。”《白虎通》：“致仕几杖，所以扶助衰也。”《礼记·曲礼》、“大夫七十而致事，若不得謝，则必赐之几杖。”《史记、孝文本紀》：“吴王詐病不朝，就赐几杖。”此其例也。碑字作“机杖”者，涉杖字而加木旁也，又以其為木所製也。“几”字加旁作“机”，遂与《说文》之“机”同形矣。又：今機關字亦簡化作“机”，机关之机、机木之机、机杖之机互不相涉，一形而三字者也。

菜　孔耽神祠碑：躬菜蔆藕。《隶释》云：菜即采字。

20×15=300　　河北大学函授部稿纸

第　　页

按：洪说是也。《说文·木部》："采，捋取也。从木，从爪。"碑文"躬菜蔆藕"乃取捋取之义。字作"菜"者，涉下蔆藕而加艹旁也。"采"加旁作"菜"，遂与《说文》之菜同形矣。《艸部》："菜，艸之可食者。"此别是一字，与碑中"菜"字形同字异。

沂　3668 ……軍沂泽之中依……（孫·上九）

按：此《孙子兵法·行軍篇》語。今《孙子兵法》作："若交軍於斥泽之中，必依水艸而背众树。"汉简"沂"字即"斥"字也。《廣雅·释地》："斥，池也。"《~~禹贡》："海滨广斥。"郑注："谓地鹹鹵。"~~是其义。汉简作"沂"者，涉下泽字而加水旁，以形近又讹斥为斤也。斥变作"沂"，遂与《说文·水部》之"沂"同形矣。《水部》："沂，水出东海费东，西入泗。一曰沂水出泰山，盖青州浸。”此“沂”字与汉简“沂”字音义俱乖，形同字异。

剸　《孙膑兵法·篡卒》：“孙子曰：恒胜有五，得主剸制胜。”

按：《说文》正篆无“剸”字，其字但见於《说文》说解中。《刀部》：“刓，剸也。”《通俗文》曰：“断截曰剸。”“断截”之义与《兵法》中“剸制”无涉。“剸制”之“剸”本但作“専”，涉下“制”字而加刀旁也。“専”字加旁作“剸”，遂与“断截”之“剸”同形矣。

第　　页

二、易旁

一字本有一字之结构，若变易其偏旁，便产生一字之异体。异体与已有之字偶然同形，而义竟无涉者，是谓同形异字。易旁之目有二，一曰涉义易旁，一曰涉上下文易旁。分述如下：

一　涉义易旁：

偶　刘熊碑：惟德之偶。《隶释》云：以偶为隅。顾云：此句其铭辞也上与柩字协。知其引用詩语。《詩·大雅》正作維德之隅。

按：《詩·大雅·抑》："抑抑威仪，維德之隅。"毛传："隅，廉也"。汉碑廉隅字亦作"偶"。如娄寿碑："不攸（修）廉隅"。此其证也。刘熊碑作"偶"者，以碑文言人事也，因踵而易阜从人。"隅"易旁作"偶"，遂与《说文》训"桐

第　　页

人也"之"偈"同形矣。

霣　北海相景君銘：霣絶奄忽。顧云：《汉書·司馬相如传》：瀺灂霣墜。師古曰：即隕字。又夏承碑：夙世霣祚。戚伯著碑：奄遂霣殁。

按《说文·雨部》："霣，齊人谓雷為霣，一曰雲转起也。读若昆。"义於碑文无取。碑中"霣"字乃"隕"之易旁字也。《说文·阜部》："隕，从高下也。"降雨亦从高下也，其字作隕可矣，而变从雨者，犹落之作零也。《雨部》："零，雨零也。"以其言雨落也，因变从雨作零，霣字亦然。《公羊传·庄公七年》："星霣如雨。"段玉裁、朱駿声皆谓借霣為隕，非是，"霣"亦隕之易旁字也。汉碑又有"殞""磒"字，张迁碑："不殞高問"，《诗·大雅》："亦不隕其問"。《释文》

引作"殞"。孔彪碑："乃殞乃曰。""殞"、"殞"、"霣"、"隕"异形同字也。而"霣汉"之"霣"与《说文》之"霣"形虽同而义无涉，非一字也。

旳　鲁峻碑：暎矣旳旳。《隶释》云：焕矣灼灼，俱易火以日。顾云：《类篇》云：暎呼玩切。《山海经》有暎玺国，在昆仑墟。《博雅》云：旳音的，明也。二字各有本，非易火以日也。

按："暎"与"焕"、"旳"与"灼"皆同字异形。从日者，取义於日光也；从火者，取义於火光也。"暎"、"焕"二字《说文》俱不载，其字本作"奂"。《说文·収部》："奂，一曰大也。"《礼记·檀弓》："美哉奂焉。"注："奂言众多。"变作"涣"《诗》毛传："涣涣，春水盛也。""暎""焕"又"涣"之变易也。大、盛、多、明，

第　　页

一义相因。《说文、日部》："的，明也。"《火部》"灼，炙也。"明义之字本作"的"，以其火明也，易日以火。《广雅、释训》："灼灼，明也。"训明之灼与的异形而同字，与训炙之灼同形而异字。

駱驛　張壽碑：駱驛要请不绝。《字原》云：义作络繹。顧云：《汉書、王莽传》：助作者駱驛道路。《后汉书、郭伋传》：駱驛不绝。络绎皆作駱驛。

按：《说文、馬部》："駱，馬白色黑鬣尾也。""驛，置騎也。""駱""驿"二字与碑义无涉。《文选、长笛赋》："繁縟络绎"，铣注："繁多相连不绝。""絡繹"字本皆从糸作，謂若絲絮之联綿不断也。碑变"络绎"皆从馬者，以其谓車騎连属不绝也。张公神碑："車騎駱驛兮交错重。"字亦从馬者。《古文苑、舞赋》："駱驿飞散

20×15＝300　　河北大学函授部稿纸

飒沓合併。"注："骆驿，与络绎同。"是也。"络绎"涉义易旁作"骆驿"，遂与《说文》之"骆"、"驿"同形矣。

磪　费凤别碑："肝磪意悲"。《隶释》云：以磪为摧。

按："磪"字本作"摧"。《说文、手部》："摧，挤也。从手，崔声。一曰挏也。一曰折也。"段注："折者，断也。今此义行而上二义废矣。《诗》室人交徧摧我。传曰：摧，沮也。此折之义也。"又变作"催"。《说文、人部》："催，相擣也。从人，崔声。《诗》曰：室人交徧催我。"袁成碑"鸿仪催零"，徐氏记产碑："王内催碎"用其字。"摧"从手者，擣之以手也；"催"从人者，所擣者人也。费凤碑作"磪"者，又涉催碎之义而易从石作也。"摧"、"催"、"磪"同字异形。"摧"、

第　　页

“催”易旁作“磪”，遂与崔之籀文作“磪”者同形矣。《说文·山部》：“崔，大高也。”《集韵》引《说文》曰：“崔，山高也。或作嵟，籀文又作磪。”（今《说文》不载崔之或体及其籀文）“磪”本山高之义，与碑中“磪”字同形而义无涉，非一字也。

誰　乙本：天下皆乐誰而弗猒也。

按：“誰”传世本《老子》俱作“推”。《墨子·小取篇》：“推也者，以其所不取之，同於其所取之者，予之也。”《老子》“推”字正取推予义也。帛書作“誰”者，涉推讓之义而易从言也。“推”易旁作“誰”，遂与《说文》训“何也”之“誰”同形矣。

佁　乙本：没身不佁。

按：“佁”字甲本、王注本、傅奕本皆作殆

20×15＝300　　河北大学函授部稿纸

第　　页

帛书乙本易从人作者，以其言人之危殆也。殆易旁作"怡"，遂与《说文》训"痴也"之怡同形矣。

依　乙本：故抗兵相若則而依者朕□。

按："依"字甲本、傅奕本、王注本俱作"哀"《说文·口部》："哀，闵也。从口，衣声。"帛書易口从人者，以哀者，人之情也。"哀"易旁作"依"，遂与《说文》训"倚也"之"依"同形矣。又《老子》："以悲哀涖之"，帛书甲本"哀"亦作"依"。

踵　甲本：踵而俞出。

按："踵"字乙本作"動"，傅奕本、王弼本作"動"。《说文·力部》："動，作也。从力，重声。踵，古文動从辵。"帛书"動"字易从足者，从足与从辵同意。动作以力，故从力作；移动

第　　页

以足，故从足作。"動"易旁作"踵"，遂与《说文》训"追也；一曰往来見"之"踵"同形矣。乙本作"動"者，易从童声也。汉人用字，从重声之字每易从童。

△今老受业於石門，親見嘗游市肆，親見鼓橐冶金為戒指者，橐以股皮為之，形若馬桶，足踏鼓風以助燃，其形製蓋古之遺歟？

仿　乙本：难得之货，使人之行仿。

按："仿"字甲本作"方"。傅奕本、王弼本俱作"妨"。其字本作"妨"。《说文》："妨，害也。"猶是其义。乙本作"仿"者，以其言人也，故易从人作。"妨"易旁作"仿"，遂与《说文》训"相似也"之"仿"同形矣。甲本作"方"者，"妨"之省旁字也。

遁　古佚书：遁艸木之性□而生焉。

按："遁"字依义當作"循"。《说文·彳部》"循，行顺也。""循"为遵循字，帛书涉义易从辵作（古字从彳从辵多通）。"循"易旁作"遁"

第 页

遂与《说文·辵部》训"迁也，一曰逃也"之"遁"同形矣。训"逃"之"遁"与《说文》"遯"同字异形，而与帛书"循"之异体"遁"同形异字。

苦芊 古佚書：卷（圈）馬食叔粟，戎馬食苦芊。

按："苦芊"依义当作"枯稈"。"枯稈"者，干稻草也，故帛书依义皆易从草作。"枯"易旁作"苦"，遂与《说文》训"大苦，苓也"之"苦"同形矣。"稈（或作秆）"易旁作"芊"，遂与《集韵》训"草名，一曰薏苡子"之"芊"同形矣。（《說文》无"芊"篆）

佴 古佚書：民富則有佴。

按："佴"即恥字。以其言人也，故易从人作。"恥"易旁作"佴"，遂与《说文》训"佽也"

第　　页

之"佴"同形矣。

述　古佚书：然而不知王述不王天下。

按："王述"者，王道也。其字本作"術"。《说文·行部》："術，邑中道也。"《广雅·释宫》："術，道也。"帛书"術"字易从辵者，涉义易旁也。"述"之从辵，与"道"之从辵同意。"術"易旁作"述"，遂与《说文》训"循也"之"述"同形矣。

僇　古佚书：身危为僇。

按："僇"本作"戮"。《说文·戈部》："戮，杀也。从戈，翏声。"杀之以戈也，固从戈作，所杀者人也，故又从人作。帛书易旁作"僇"，遂与《说文·人部》训"痴行僇僇也；一曰且也"之"僇"同形矣。《大学》、《荀子》书中戮字亦易旁作僇，段玉裁以为借僇为戮，非是。

第　　页

㨪　古佚书：择法而用我。《战国纵横家书·四》：臣请归择事。

按："择"即"释"字之异体。《说文·手部》："捨，释也。从手，舍声。""捨"字从手，捨释同義，因而"释"亦或从手也。"释"易旁作"择"，遂与《说文·手部》训"柬选也"之"择"同形矣。

徐　0817：……清徐道焚诸泽……（論·一七）

按："徐"即"途"之异体。"徐"之从彳，又从辵，犹径之从彳，又从辵；征之从彳，又从辵也。"途"涉义易旁作"徐"，遂与《说文》训"安行也"之"徐"同形矣。

僮、侈　0895：心不僮，氣不侈。古佚书：三曰僮，四曰转。

按："僮""侈"本作"動""移"，以其言人也，故汉简、帛书移、动字皆易从人作。"動"字易旁作"僮"（从童声即是从重声），遂与《说文》训"未冠也"之"僮"同形矣。"移"字易旁作"侈"，遂与《说文》训"掩胁也；一曰奢泰也"之"侈"同形矣。

功　《纵横家书、三》、天下有谋齐者，请功之。

按：依《说文》功代字当作"攻"。此作功者，以攻之以力，因易从力作。"攻"易旁作功，遂与《说文》训"以劳定国也"之"功"同形矣。

涷　张納功德叙：郦澹涷馊。顾云：《尔雅》大雨谓之涷。《说文》：涷水出发鸠山。碑盖借涷为冻。

按：顾南原谓碑借涷为冻，非是。此碑涷

字即"涷"之异体字也。"凍"本从仌（冰），易从水者，冰，水為之也。故从仌之字多变从水。如"凌"本从仌，帛书《老子》从水作"淩"，"凔"本从仌，字又作"滄"，从水。此其例也。"凍"易旁作"涷"，遂与《说文》训"涷水"之涷、《尔雅》"大雨谓之涷"之"涷"同形矣。0600简："毋涷餧之民"涷亦从水。

飴《字類》：《汉书·刘向传》："飴我釐麰。"

按："飴"即"貽"字。貽贈字古多从貝作。楊震碑："貽我三魚"，校官碑："貽我潘君"是其例也。此从"食"作"飴"者，以所贈多為食品也。"貽"涉义易旁作"飴"，遂与《说文》训"米糱煎也"之"飴"同形矣。

芸、芓。《字類》：《汉书·食货志》："或芸或芓。"

第　　页

按："芸"本作"𦔂"。《说文·耒部》："𦔂，除苗间秽也"。又作"耘"。《诗·小雅·甫田》："或耘或耔"。毛传："耘，除草也"。~~耔，雝本也~~。"芓"本作"秄"。《说文·禾部》："秄，雝禾本也"。字亦作"耔"，（見上引《甫田》）。朱駿声曰："苗生三叶以上，稍耨垄草，因墤其土，以壅苗根，使耐风与旱，即《左传》是穮是蓘之蓘也"。"耘"、"耔"皆锄草事也，故字或从艹作"芸"、作"芓"。"耘"易旁作"芸"，遂与《说文》训"芸草似目宿"之"芸"同形矣。"耔""秄"易旁作"芓"，遂与《说文》训"麻母也"之"芓"同形矣。

轃　《字類》、《汉書·礼乐志》："四极爰轃。"《王吉传》："福禄其轃。"

按：師古《汉书》注曰："轃字与臻同"，是

第　　页

也。臻至字《说文》作"臻"。《至部》："臻，至也。"《吕氏春秋·贵因》："如秦者立而至，有車也；适越者坐而至，有舟也。"《庄子·天运》："夫水行莫如用舟，而陆行莫如用車。"舟車為古代主要交通工具。自此地至彼地，所凭藉者，舟車也。故"臻"字又从車作。"臻"易旁作"轃"，遂与《说文》训"大車簀也"之"轃"同形矣。

詳 《字類》：《史記·秦紀》：乃使魏讎餘詳反。《項羽紀》：見使者詳惊愕。《吕后紀》詳醉去。

按："詳"与"佯"同字异形。字从言者，詳，詐也，詐从言，故詳亦从言。字从人者，佯，僞也，僞从人，故佯亦从人。"佯"易旁作"詳"遂与《说文》训"审议也"之詳同形矣。

蹛《字類》：《史记·平準书》：留蹛无所食。音滞，谓积久也。《古今字诂》：蹛今滞字。

按："留蹛"字《说文》作"滞"。《水部》："滞，凝也。"《楚辞·涉江》："淹回水而凝滞"注："滞，留也。"《淮南子·时则》："流而不滞"注："滞，止也。""滞"本留止字，从水者，谓水之留止也。《史记》作"蹛"，谓駐足不前也，亦留止之义也，"蹛""滞"同字而异形。"滞"易旁作"蹛"，遂与《说文》训"踢也"之"蹛"同形矣。

腏《字類》：《汉书·郊祀志》：腏食。与綴同，谓联续而祭。

按："腏"本作"綴"，祭品多为肉食也，故易从肉作。"綴"易旁作"腏"，遂与《说文》训

第　　页

"挑取骨间肉也"之"腏"同形矣。

佚《字类》、《史记·十二諸侯年表》：

四国佚兴，更為伯主。

按："佚"字本作"迭"。《说文·辵部》：

"迭，更遞也。"《小尔雅·广诂》："迭，更也。"

《广雅·释诂三》："迭，代也。"以其义為遞也，

為代也，故易旁作"佚"，"佚"字从人与"代"

字从人同意。"迭"易旁作"佚"，遂与《说文》

训"佚民也"之"佚"同形矣。

抹《字類》：《史记·春申君传》：魏之

兵云集而不敢抹。《汉书·董仲舒传》：何

以抹溢扶衰。古救字。

按："抹"本作"救"，班、馬作"抹"者，

救之以手也，因从手作。"救"易旁作"抹"，遂

与《说文》训"盛土於梩中"之"抹"同形矣。

20×15=300　　河北大学函授部稿纸

第　　页

涂　0428：佚乐之涂狭（論、三八）3394：……口於涂者食之口……0068：三曰取津，四曰取涂（論、二六）

按：“涂”即“途”字，“途”本从辵，余声。简化“涂”者，易从水也。“涂”之从水与“津”之从水同意。“途”变化“涂”，遂与《说文》涂水字同形矣。

壯　1892：……屋壯垣及家人室屋器械可以給城守者盡（守、一）

按：“壯”乃“牆”字之异体。“牆”本从嗇，爿声。简化“壯”，易从土也。“牆”变化“壯”，遂与壮大字同形矣。（壮大字本从士，隶书土、士无别）。

20×15＝300　　　河北大学函授部稿纸

第　　页

(二) 涉上下文易字

(1) 涉上文易字

㳄　汉镜铭："渴㳄玉泉饥食枣。"

按：《说文·㳄部》："㳄，慕欲口液也。从欠水。⿱侃水，㳄或从侃。"段注："有所慕欲而口生液也，故其字从欠水。俗作涎。郭注《尔雅》作唌。""㳄"为"涎"本字，与铭文无涉。铭文"㳄"字乃"飲"之易旁字，其本字作"㱃"。《说文·㱃部》："㱃，歠也。从欠，酓声。⿱今水，古文㱃，从今，水。⿱今食，古文㱃，从今食。"古多作"飲"，汉碑亦作"飲"。《史晨奏铭》："飲酒畔宫。"北海相景君铭："随輿（舉）飲泣。"吴仲山碑："飲食空手"，字皆从食作"飲"，镜铭易食从水旁，涉上"渴"字而易旁也。"渴㳄"字与"液垂㳄"字同形异字，音义俱不同。

憿　逢盛碑：感憿三成。《隶释》云：以憿為激。顾云：《说文》、憿、幸也。《类篇》云：憿，又吉历切，疾也。碑亦同音而借耳。

按，“感憿”字合当作“激”，此作“憿”者，涉上感字而易水从心也。李翊夫人碑：愤然憿𢤦”字亦从心作，与此碑用字相同。“感激”字易从心，乃与憿幸字形体偶合。“感憿”之“憿”与“憿幸”之“憿”乃同形异字，非借“憿幸”字為“感激”字也。

濊　脩华岳碑：荒淫臊濊。《隶释》云：“以涉為秽。顾云：《汉书、李寻传》：盪滌浊涉。師古曰：涉与秽同。

按：“濊”見《说文》，《水部》：“濊，水多皃，从水，歲声。”其义於碑无當，碑中“濊”

第　　页

字於《说文》作"薉"。《艸部》："薉，蕪也。"字古书亦作"穢"。此作"濊"者，涉上"淫"字及"污涉"、"浊涉"多连言而易旁也。又《汉书·萧望之传》："以纠汙濊不进。"字亦涉上而易从水。"薉"、"穢"易旁作"濊"，遂与《说文》训"水多皃"之"濊"形体重合矣。

膮 1151：量土地肥膮而立邑建城。（守·九）

按："肥膮"字本作"磽"。《说文·石部》："磽，礊石也。"《孟子》："则地有肥磽"注："磽，薄也。"是其例也。汉简作"膮"者，涉上肥字而易从肉也。"磽"易旁作"膮"，遂与《說文》训"豕肉羹也"之"膮"同形矣。

漸 0039：火战之法，沟壘已成，重為沟漸。（论·四五）

按："沟漸"字本作"塹"。《说文·土部》

20×15=300　　河北大学函授部稿纸

壍，阬也……从土，斬声。"此其义也。汉简作"漸"者，涉上"沟"字易土从水也。"壍"易字作"漸"，遂与《说文》训"漸水，出丹陽黟县南蛮中，東入海"之"漸"同形也。

惔　6332，恬惔随意（六·五）

按："恬惔"字本作"淡"。《说文·水部》"淡，薄味也，从水，炎声。"此作"惔"者，涉上"恬"字易从心也。"淡"变作"惔"，遂与《说文》训"忧也"之"惔"同形矣。

澤　甲、乙本：涣呵其若淩澤。

按：此句傅奕本作"涣若冰将释"。王弼本作"涣兮若冰之将释"。《説文·釆部》："釋，解也。"帛书"釋"字作"澤"者，涉上"涣"、"淩"二字易从水也。"釋"变作"澤"，遂与《说文》训"光润也"之"澤"同形矣。

△周礼攷工记"水有時以凝，有時以澤"，释文曰"澤，李音釋"。

核　《字類》、《汉书·五行志》：孳毓根核。亦荄也，艸根曰核。

按：婁说是也。"根核"字《说文》作"荄"。《艸部》："荄，艸根也。"《汉书》作"核"者，涉上"根"字易从木也。"荄"变作"核"，遂与《说文》"蛮夷以木皮为匧，状如籢尊之形也"之"核"同形矣。

泠　樊敏碑：士女涕泠。

按："泠"字本作"零"。此作"泠"者，涉上"涕"字而易从水也。又张公神碑："天時和兮甘露泠。""零"亦作"泠"，涉义易字者也。"零"变作"泠"，遂与《说文》"泠水"字同形矣。

騶　0043：車毋馳、徒人毋騶。

按："騶"本作"趨"，涉上馳字易从马。"趨"变作"騶"，遂与《说文》"廄御"之"騶"同形矣。

第　　页

六、涉下易旁

澹　张纳功德叙：卹澹凍馁.

按："卹澹"字本作"贍".《小尔雅·广言》"贍，足也."《说文新附》："贍，给也."此作"澹"者，涉下"凍"字而易从水也。"贍"变作"澹"，遂与《说文》训"水摇也"之"澹"同形矣。

欧　三公山碑：百姓欧歌.

按：《说文·欠部》："欧，吐也。从欠，区声"，其义於碑无涉.碑中"欧"字即"謳"字之异体也。《说文·言部》："謳，齐歌也。"碑作"欧"者，涉下"歌"字易从欠也."謳"变作"欧"，遂与欧吐字形体重合矣。

相　韩勑碑：爵鹿相桓.《隶释》云：以相為俎.顧云：《说文》相读若櫨，木闲也.

第　页

《集韵》云：俎或从木作相。

按，碑中"相"字本作"俎"。《说文·且部》："俎，礼俎也。从半肉在且上。"碑作"相"者，涉下"梪"字而易从木也。"俎"变作"相"，遂与《说文》训"木閑也"之"相"同形矣。"梪"即"豆"字，"豆"本象形字，以其为木质也，因加木旁作"梪"。《说文》分"豆"、"梪"为二，非是。

萋，祝睦碑：遗令素櫬萋蒌以席。顧云：以萋蒌为翣篓。《礼记·檀弓》：设翣篓，注：翣篓以饰其棺。《释文》云：篓音柳。《集韵》云：篓、丧车饰也。或作⿰車卯。

按："萋"即"翣"字。《说文·羽部》："翣，棺羽饰也。""蒌"即"篓"字，隶书从竹之字每变从艸，"篓"变作"蒌"，"翣"涉之易旁作

20×15=300　　河北大学函授部稿纸

第　　页

"菨"。《说文·艸部》："菨，菨馀。从艸，妾声。""蒌，艸也，可以烹鱼。从艸，娄声。"《说文》"菨"、"蒌"二字与碑中"菨蒌"二字无关，同形异字也。

媿　武梁祠堂画像：无盐媿女。《隶释》云：以媿女为醜女。顾云：《集韵》：醜，古作媿。《汉书·文帝纪》：朕甚自媿。师古曰：媿，古愧字。盖一字而有二义。今知媿之为愧，不知又为醜也。

按：《说文·女部》："媿，慙也。从女，鬼声。愧，媿或从耻省（易女从心，非从耻省也。愧从心，与慙从心意同）。"碑中"媿女"义无取於惭愧，其字当作"醜"。《说文·鬼部》："醜，可恶也。从鬼，酉声。"碑作"媿"者，涉下女字而易酉从女也。酉本醜之声，汉字多左形右

20×15=300　　河北大学函授部稿纸

第　　页

声，书者不察，因误以酉为形旁也。"醜"变作"媿"，遂与慚媿字同形矣。

滋　尧庙碑：滋滋汲汲。《隶释》云：以滋滋为孳孳。《孔丛子》：滋滋汲汲。与此碑同。

按："滋々汲々"字本作"孜"。《说文·攴部》："孜，汲汲也。从攴，子声。"《古文尚書》传："孜々，劝勉不怠也。"刘熊碑："孜々之踰"。用其字。字又作"孳"。《子部》："孳，汲々生也。从子，兹声。"《汉書·萧何传》："尚復孳孳得民和。"師古曰："孳与孜同。"《礼记·表记》"俛焉日有孳々"，字亦作"孳"。此碑"孳"字变从水者，涉下"汲々"而易旁也。《说文·水部》："滋，益也。从水，兹声。一曰，滋水，出牛饮山白陘谷，東入呼沱。""滋益"、"滋水"、

20×15=300　　河北大学函授部稿纸

"滋々汲汲"，三"滋"字同形，然非一字也。

桐《字類》：《史记、武帝紀》：作柏梁桐柱承露仙人掌之属。《封禅书》及《汉书、郊祀志》皆作铜。

按："桐"合當作"銅"。《史记、孝武本紀》索隐引《三輔故事》曰："建章宫承露盘高三十丈，大七围，以铜為之。上有仙人掌承露，和玉屑飲之。"此其证也。而《字類》引《史记》作"桐"者（今《史记、孝武紀》亦作銅），涉上下文而易字也。"銅"易字作"桐"，遂与《说文》训"榮也"之"桐"同形矣。

波《字類》：《汉書、諸侯王表》：波汉之陽。音陂泽之陂。《灌夫传》：波池田園。讀曰陂。

按："波汉""波池"字本作"陂"。《說文、

第　　页

阜部》："陂，阪也。""阪，坡者曰阪，一曰泽障也。"《汉书》作"波"者，涉下易旁也。"陂"变作"波"，遂与《说文》训"水涌流也"之波同形矣。

淳《字类》：《史记·曹相國世家》：日饮淳酒。即醇字，谓厚酒也。

按：娄氏谓淳即醇字，是也。《说文·酉部》："醇，不浇酒也。""醇"作"淳"者，涉下酒字而易从水也。"醇"变作"淳"，遂与《说文》訓"渌也"之"淳"同形矣。

闐《字類》：《史记·汲郑传》：翟公為廷尉，賓客闐門。

按："闐"字本作"填"。《說文·土部》："填，塞也。"字又作"窴"《穴部》："窴，塞也。"此作"闐"者，涉下"門"字而易旁也。"填"

第　　页

“寘”易旁作“闐”，“闐”、“填”、“寘”一字之变异也。（《说文》分填、寘为二，非是）。《说文·門部》：“闐，盛皃”，此别為一字，虽与《史记》“闐門”形同，非一字也。

蝦《字类》：《史记·天官书》：雷電蝦虹。

按：“蝦虹”字本作“霞”。《文选·蜀都赋》“舒丹气而為霞”。《東京賦》：“掃朝霞”。《楚辞·远游》：“載營魄而登霞兮”，字皆作“霞”。《史记》作“蝦”者，涉下“虹”字而易从虫也。“霞”易旁作“蝦”，遂与《说文》训“蝦蟆也”之“蝦”同形矣。

苓《字類》：《汉书·叙传》：失時者苓落。

讀曰零。

按：“苓落”字本作“零”。《詩·定之方中》“靈雨既零”。毛传：“零，落也”。《廣雅·释詁》

20×15=300　　河北大学函授部稿纸

二》："零，墮也。"《礼记·王制》："艸木零落"用其字。《汉书·叙传》"零"作"苓"者，涉下"落"字而易从艸也。"零"易旁作"苓"，遂与《说文》训"卷耳也"之"苓"同形矣。

紬　《字类》：《汉书·谷永传》："紬绎。读曰抽。李伯曾《补遗》：《史记》首《历书》紬续日分。當音抽。

按："紬绎"字本作"抽"。《说文·手部》："㩅，引也。从手，留声。抽，㩅或从由。㨨，㩅或从秀。"《汉书》、《史记》作"紬"者，涉下易旁也。"抽"易旁作"紬"，遂与《说文》训"大絲繒也"之"紬"同形矣。

湛　《字类》：《汉书·成帝紀贊》：湛於酒色。讀作耽。

按："湛"字《说文》作"酖"。《酉部》："酖

第　　页

乐酒也。”字又作“媅”。《女部》：“媅，乐也。”朱骏声曰：“嗜色为媅、嗜酒为酖”。《汉书》作“湛”者，涉下“酒”字而易从水也。“媅”、“酖”易字作“湛”，遂与《说文》训“没也”之“湛”同形矣。

缙《字类》、《史记·儒林传》：缙绅先生。

《汉书·郊祀志》：缙绅。即与搢同。

按：“缙”字本作“搢”。《说文新附》：“搢，插也。”《谷梁传·僖公三年》：“桓公委端搢笏而朝诸侯。”注：“搢，插也。”《广雅·释诂二》“搢，插也。”《庄子·天下篇》：“搢紳先生”，用“搢”字，“搢紳”谓插笏於绅也。《史记》《汉书》作“缙”者，涉下“紳”字而易从糸也。“搢”易字作“缙”，遂与《说文》训“帛赤色也”之“缙”同形矣。

第　　页

三　省　旁

趋简，是汉字發展演变之主流。偏旁省略与筆画省简，则是汉字简化之主要途径。偏旁省略与筆画省減均产生同字异形。筆畫省減造成异体，已論之於同字异形部分。偏旁省略產生之异体，以汉字多形声也，往往即与声該形声字之声符同形。举例如下：

直　袁良碑：今直其際。

按："直"即"值"之省旁字。《说文·人部》"值，一曰逢遇也。"碑正取逢遇之义。"值"省作"直"，遂与《说文》训"正見也"之"直"同形矣。

尉　度尚碑：册書尉薦

按："尉"当作"慰"，《说文·心部》："慰

20×15=300　河北大学函授部稿纸

安也。”碑取其义而字作“尉”者，“尉”即“慰”之省也。“慰”简化作“尉”，遂与《说文》训“从上按下也”之“尉”同形矣。

竟　驺氏镜铭：驺氏作竟四夷服。李氏镜铭：李氏作竟佳且好。青羊竟铭：青羊作竟四夷服。

按：《说文·音部》：“竟，乐曲尽也。从音，从人（所说非初形、初义）。”铭文无取於尽义，“竟”字当作“镜”。《金部》：“镜，景也。从金，竟声。”段注：“景者，光也。金有光可照物谓之镜。”铭文省镜为竟，遂与竟尽字同形矣。

柜　老庙碑：图象规柜。灵台碑：履规柜之度。韩勑后碑：规柜云汙。郙仲奇碑：规柜礼义《隶释》云，以柜为榘。

按：《说文·木部》：“柜，柜木也。从木，巨声。"朱駿声曰："俗字作櫸，似柳，皮可煮作飲。《孟子》性犹杞柳也。注：柜柳也"。柜本柜柳字，义与碑文无涉。碑文"规柜"连言，"柜"即"榘"之省也。《说文·工部》："巨，规巨也。从工，象手持之。榘，巨或从木矢；矢者，其中正也。""巨"本规榘本字，经传钜大字省作巨，因造"榘"字以避同也。碑文作"柜"，即"榘"之省矢者也，与柜柳字同形而异字。

睪　孙叔敖碑：收九睪之利。《隶释》云：澤去水而為睪。顧云：《荀子》：载睪芷以养鼻。楊倞注云：睪当為澤，写遺其水耳。此今碑亦然，盖古或省水，非遺其水也。

按：顧说是也。"澤"省水作"睪"，遂与《说文·卒部》训"司視也"之"睪"同形矣。朱駿声以為借"睪"為"澤"，非是。

第　　页

亦　武荣碑：亦世载德。樊安碑、绥民校尉熊君碑同。杨震碑：亦世紀明。

按："亦"当作"奕"。丁鲂碑："奕世载德"，尹宙碑："亦世载勋"皆作"奕"，是也。又《国语·周语上》："奕世载德，不忝前人"。《后汉书·杨震传》："臣奕世受恩，得备纳言"。注：奕犹重也。"奕世"谓累世也。《说文·亦部》："亦，人臂之亦也。从大，象两亦之形"。"亦"即今之"掖""腋"字也。"亦"本為人之臂腋，碑中"亦世"无取於臂腋。"亦世"之"亦"即奕字之省也。奕省形作"亦"，遂与臂亦字同形矣。

倉　孟郁修尧庙碑：恩如浩倉。杨著碑：卬叫穹倉。益州太守无名碑：痛於倉乾。周公礼殿记：倉龙甲戌。无极山碑：倉气蔚伊。汉镜铭：倉龍白虎。

20×15＝300　　河北大学函授部稿纸

按：上引诸"倉"字並当作"蒼"。《説文·艸部》："蒼，艸色也。"此其义也。《倉部》："倉，谷藏也。倉黄取而藏之，故谓之倉。从食省，口象倉形。(字本象形，許说非)"义与碑中"倉"字无涉。碑中倉字即"蒼"之省也。蒼省作倉，遂与谷藏之倉同形矣。

巟　沈子琚江堰碑：田丘巟。

按：碑中"巟"字义为荒蕪，其字当作荒。《説文·艸部》："荒，蕪也。一曰艸淹地也。""艸淹地"亦即荒蕪，二义实相因。碑作"巟"者，省艸也。"荒"省作"巟"，遂与《説文》训"水广也"之"巟"同形矣。

羊　汉元嘉刀銘：大吉羊。

按："羊"即"祥"字之省，"祥"省作羊，遂与牛羊字同形。

第　　页

央：无极山碑："為民来福除央。"吴仲山碑"而遭禍央。"尹宙碑："君禍莪其央。"

按："禍央"字本作"殃"。《說文・歺部》："殃，咎也。"此其義也。《冂部》："央，中央也从大在冂之内，大，人也。央、旁同意。一曰久也。（許説形非）"義与於碑无取。碑中"央"字，皆"殃"之省也。

成　魯峻碑陰："勃海高成"。又："河間阜成。"顧云："《漢書・地理志》、《後漢書・郡國志》作高城、阜城。碑蓋以成為城也。劉寬碑陰亦以聊成為聊城。楊君石門頌亦以西成為西城。"

按：諸碑"成"字皆當作"城"。《說文・土部》："城，以盛民。从土，从成；成亦聲。"是其義也。碑作"成"者，省旁也。"城"省作

第　　页

"戍"，遂与《说文》训"就也"之"成"同形矣。

徵　羊窦道碑：盗贼徵止。

按："徵止"字当作"懲"。《说文、心部》"懲，忿也。"《詩、沔水》："莫宁之懲"传：懲，止也。"此其义。碑作"徵"者，省旁也。"懲"省作"徵"，遂与《说文、壬部》訓"召"之"徵"同形矣。

牟　楊淮表紀：元弟功德牟盛。又曹全碑：威牟诸夏。

按：《说文、牛部》："牟，牛鸣也。从牛，象其声气从口出。"义於碑文无当。碑中"牟"字本作"侔"。《说文、人部》："侔，齐等也。"此其义也。碑作"牟"者，"侔"之省也。"侔"省旁作"牟"，遂与"牛鸣"之"牟"同形矣。

巨　武氏石室祥瑞图：来献巨暢。

20×15＝300　　河北大学函授部稿纸

第　　页

按："巨暘"字本作"⿱巨鬯""秬"。《说文·鬯部》："⿱巨鬯，黑黍也；一稃二米以釀也。从鬯，矩声。秬，⿱巨鬯或从禾。"经传相承作"秬"。此作"巨"者，即"秬"之省也。"秬"省作"巨"，遂与规巨字同形矣。

皮　甲本：故去皮取此。

按："皮"字本作"彼"，帛书省"彼"为皮，遂与皮革字同形矣。傅奕本、王弼本俱作"彼"。

霝　甲、乙本：神得一以霝。

按："霝"即"⿱霝玉""靈"之省。帛书省"⿱霝玉""靈"为"霝"，遂与"霝露"字同形矣。

胃　甲、乙本：是以侯王自胃孤寡不橐。

按："胃"传世《老子》俱作"謂"。帛书凡"謂"字俱作"胃"。"謂"省作"胃"，遂与"谷府"之"胃"同形矣。

20×15=300　　　　河北大学函授部稿纸

禺、免，乙本：大方无禺，大器晚成。

按："禺"、"免"傅奕本、王弼本作"隅"、"晚"。"隅"省作"禺"，遂与《说文》训"母猴属"之"禺"同形矣。"免"字《说文》缺载，其字金文已见之，作"（免毁）"、"（史免匿）"从人，上象冠冕形，即冕之本字也。帛书"晚"省作"免"，遂与冠免字同形矣。

朕　乙本：趮（躁）朕寒。

按：甲本、傅奕本、王弼本"朕"俱作"勝"。此作"朕"，即"勝"之省也。"勝"省作"朕"，遂与《说文》训"我也"之"朕"同形矣。

昔　甲本：虎无所昔其蚤。

按："昔"字甲本缺，傅奕本、王弼本俱作"措"。《说文》："措，置也。"此其义。帛书省"措"作"昔"，遂与《说文》训"干肉"之"昔"同形。

第　　页

台　甲本：百仁（仞）之高台於足口。

按："台"字乙本、傅奕本、王弼本俱作"始"。此作"台"者，"始"之省也。"始"省作"台"，遂与《说文》训"說（悦）也"之"台"同形矣。

兹　甲、乙本：一曰兹。

按："兹"王弼本、傅奕本俱作"慈"，帛书作"兹"，即"慈"字之省也。"慈"省作"兹"，遂与兹益字同形矣。

巠　甲本：民之巠死。

按：乙本、王弼本、傅奕本"巠"俱作轻。此作"巠"者，"轻"之省也。"輕"省作"巠"，遂与《说文》训"水脈也"之"巠"同形矣。

余　甲本：浊而情之余清。

按："余"字乙本、傅奕本、王弼本俱作"徐"。

此作"余"者，"徐"之省也。"徐"省作"余"，遂与《说文》训"语之舒也"之"余"同形矣。

袁　古佚書：袁而裝（庄）之，敬也。

按："遠"当作"遠"，作"袁"者，"遠"之省也。"遠"省作"袁"，遂与《说文》训"长衣皃"之"袁"同形矣。（"袁"本玉環之本字，从衣，中象玉環形，许说非初谊）。

蜀　古佚書：君子慎其蜀。

按："蜀"即"獨"字之省。"獨"省作"蜀"，遂与《说文》训"葵中蚕也"之"蜀"同形矣。

責　古佚书：丘之所以不名山者，不責也。

按："責"即"積"字之省。"積"省作"責"，遂与《说文》训"求也"之"責"同形矣。

吾　古佚书：湯乃自吾。

按："吾"即"悟"字之省。"悟"省作"吾"，

第　　页

遂与《说文》训“我自称也”之“吾”同形矣。

曾，毋：古佚书：行曾而索爱，行毋而索敬。

按：“曾”即“憎”字之省，“毋”即“侮（侮）”字之省。“憎”省作“曾”，遂与《说文》训“词之舒也（训非本义，本义为甑，象形）”之“曾”同形矣。“侮”省作“毋”，遂与父母字同形矣。

黑　古佚書：言陽黑陰。

按：此以陰对陽，以黑对言，“黑”即默字之省也。“默”省作“黑”，遂与黑白字同形矣。

躬　0684：……陽散有死之徒也躬。（陰·一）

按：“躬”即“窮”字之省。“窮”省作“躬”，遂与躬身字同形矣。

支、童　0686：……口也群下支節也其心童（尉·二）

20×15＝300　　河北大学函授部稿纸

按："支"乃"肢"字之省，"童"乃"勭"字之省。"勭"，"動"之易声字也。"肢"省作支，遂与《说文》训"去竹之枝也"之"支"同形矣。"勭"省作"童"，遂与《说文》训"男有罪曰奴，奴曰童"之"童"同形矣。

益　0026：夫容犯益逾险而至……（论、一四）

按："益"乃"隘"字之省，"隘"省旁作"益"，遂与满益字同形矣。

留　0176……而责之民，是使水逆流留也。

又0080：令行如留。

按："留"即"溜"字之省，"溜"汉简用为"流"字。0414简："单食溜水"，是其证也。"溜"省作"留"，遂与留止字同形矣。

慮　0502：左提鼓右慮枹……（尉、一）

按："慮"乃"攄"字之省，"攄"省作"慮"

第　　页

遂与思（虑）字同形矣。

甬 0672：……得左知士不给虑甬士不……（尉·一）

按："甬"即"勇"字之省，"勇"省作"甬"，遂与甬（斛）字同形矣。《说文·马部》："甬，艸木华甬甬然也。从马，用声。"说解非初形、初义。其字甲文作"⿵"（前七、三二、四）金文作"⿵"（盂鼎）、"⿵"（彔伯𣪘），俱象有柄之桶也。⿵、⿵乃一字之异体，即"桶"之本字也。（后分为用、甬二字。）《礼记·月令》："角斗甬。"注："甬，今斛也。"仍存本义。朱骏声以为借甬为桶，非是。

台 1081 ……不杀夭台……（尉·一）

按："台"乃"胎"字之省，"胎"省作"台"，遂与台（怡）字同形矣。

20×15=300　　河北大学函授部稿纸

介　《战国纵横家書·三》：不功亓，全於介。

按："介"即"畍"字之省。《说文·田部》："畍，境也。""畍"省作"介"，遂与介胄字同形矣。"介"甲文作"介"（拾·二、十五）。罗振玉曰："象人着介形。介联革為之，或从八者，象联革形"（見《增考》中 四三頁）。《说文》训介為"畫也，从八，从人，人各有介"，非初形初谊。

句　《战国纵横家書·四》：句得時見，盈願矣。

按："句"字《战国策·燕策二》作"苟"，此作"句"者，即"苟"之省也。"苟"省作"句"，遂与"句曲"字同形矣。"苟"本艸名，经传皆借為叚設之詞，此本无其字之叚借也。

第　　页

庸《字類》、《史記·陈涉世家》：庸耕。《汉書·高惠功臣表》：庸保之中。与傭同。

按：《說文·用部》："庸，用也，从用、庚，庚，更事也。"朱骏声引其父语曰："庸者，鏞之古文，庚象栒虡，用象钟县，用亦声。"此說是也。《说文》说解非初形初谊。《史》、《汉》"傭"字省作"庸"，遂与庸鼓字同形矣。

盧《字類》：《汉書·武五子传》：頭盧相屬於道。

按："頭盧"字本作"顱"。此作"盧"者，"顱"之省也。"顱"省作"盧"，遂与《说文》训"飯器也"之"盧"同形矣。

單《字類》：《史记·春申君传》：王之威亦單矣。《补遗》：《汉书·韓信传》：糧食

20×15＝300　　河北大学函授部稿纸

第　　页

單竭。《王嘉传》：單货财以富之。

按：“單”字甲文作“（粹七三）”、“（菁五、一）”。丁山《說文闕義箋》云：“單、干盖古今字也。如契文或省為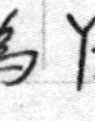，是其証。”丁说單、干一字，是也，唯其谓單干皆象盾之形，犹有未確也。窃謂干、單皆“彈”之初文，初作“Y”，一变為“”，再变為“”，三变為“”，篆讹变作“單”，复加旁作“彈”，今民间小儿為彈弓以木（古以竹），正象甲文“Y”之形，盖古製之传於今者也。《说文·吅部》云：“單，大也，从吅、甲，吅亦声。”非初形、初谊。《史》《汉》“單”字义无取於“彈弓”，亦无取於單大，乃“殫”之省文也。《说文·歺部》：“殫，殛尽也（《文选·赭白馬赋》注引作“尽也”）。”“殫”省作“單”，遂与彈之初文同形矣。

第　　页

匡《字類》：《史记、淮南王安传》：王气怨结而不揚，涕滿匡而横流。即与眶同。

按："匡"即"眶"之省。"眶"省旁作"匡"，遂与《说文》训"飲器筥也"之"匡"同形矣。

鼓叟《字類》：《汉书、古今人表》：鼓叟生舜象。

按："鼓叟"《史记、三代世表》作"瞽叟"。《尚书、尧典》："岳曰：瞽子，父顽，母嚚，象傲。"孔传："无目曰瞽，舜父有目不能分别好恶，故時人谓之瞽，配字曰瞍。瞍，无目之称。"舜父以有目不能分别好恶得名，其字本作瞽瞍，此作"鼓叟"，省旁也。

免《字類》：《汉書、薛宣传》：移书劳免之。即与勉同。

按："劳免"字本作"勉"，此作"免"者，

20×15=300　　河北大学函授部稿纸

第　页

即"勉"之省。"勉"省作"免"，遂与冠免字同形矣。

重《字類》:《汉书·匈奴传》：重酪之便美。竹用反，乳汁也。本作湩，音同。

按：《说文·水部》："湩，乳汁也。"《汉传》作"重"者，"湩"之省文也。"湩"省作重，遂与轻重字同形矣。

時《字類》:《史记·五帝紀》：播時百穀。讀曰蒔。

按："播時"字本作"蒔"。《说文·艸部》："蒔，更别種。"此作"時"者，"蒔"之省文也。"蒔"省作"時"，遂与四時字同形矣。

内《字類》:《汉书·沟洫志》：盟津雒内。讀曰汭。

按："内"即"汭"之省，"汭"省作"内"，

20×15=300　　河北大学函授部稿纸

第　　　页

遂与内入字同形矣。

鬲《字類》：《汉书·五行志》：鬲闭門户。《地理志》：鬲绝南羌。又：千乘郡鬲。《戾太子传》：鬲塞不通。与隔同。

按："鬲塞"字本作"隔"。《说文·阜部》："隔，障也。"是其义。此作"鬲"者，"隔"之省也。"隔"省作"鬲"，遂与鼎属之"鬲"同形矣。

第　　页

四、聲旁變異

聲旁变異致使异字而同形。变异之途有四：一曰省声，二曰易声，三曰讹声，四曰益声。分述如下：

一、省声

綦　0363：諸周（琱）文刻婁（镂）補（黼）綫綦组鋮繡之事……（守、七）

按："綦"当作"纂"。《説文、糸部》："纂，似組而赤，从糸，算声。"简作"綦"，从算省声也。"纂"省作"綦"，遂与《说文》"綦"同形矣。《糸部》："綦，約也。从糸，具声。""綦約"字与"綦组"字声义俱乖。

憧　北海相景君銘：惊憧傷怀。《隶释》云以憧為慟。顧云、武荣碑：感哀悲憧。郭

20×15=300　　河北大学函授部稿纸

仲奇碑：悲㥂剝裂。李翊夫人碑：㥂切剝兮年不荣。慟皆作㥂。

按："悲㥂"字本作"慟"。侯成碑："哀慟感情"用"慟"字，是也。"慟"从心，動声。上举諸碑从重声者，重即动之省也。"慟"省作㥂，遂与《说文》"㥂"同形矣。《心部》："㥂，迟也。从心，重声。"此义於碑无涉。

欱　乙本：耶（圣）人之在天下也欱＝焉。

按："欱"字傅奕本、王弼本俱作"歙"。《说文·欠部》："歙，从欠，翕声。"此作"欱"，即从"翕"省声也。"歙"省作"欱"，遂与《说文》训"歠也"之"欱"同形矣。

捕：乙本：據鸟孟兽不捕。

按："捕"字甲本、傅奕本、王弼本俱作搏。《说文·手部》："搏，从手，尃声。"此作"捕"

第　　页

者，从尃省声也。"搏"省作"捕"，遂与《说文》从甫声之"捕"同形矣。

洫：古佚书：声洫於实。

按："洫"即"溢"字。"溢"本作"益"。《说文·皿部》："益，饶也。从水皿。"加旁作"溢"，《水部》："溢，器满也。从水，益声。"帛书作"洫"，从益省声也。"溢"省为"洫"，犹"謚"省为"諡"也。"溢"省声作"洫"，遂与沟洫字同形矣。

芒　古佚书：是胃口逆以芒。

按："芒"即"荒"之异体。《说文》："荒，从艸，巟声。"此作"芒"，从巟省声也。"荒"省声为"芒"，遂与《说文》训"艸耑也"之"芒"同形矣。

囚　1060：晏子寝病也，居囚中台上以观之。

20×15=300　　河北大学函授部稿纸

（晏、二）

按："𡆢"字今《晏子春秋、内篇諫上》作囿.《说文、囗部》："囿：苑有垣也．从囗，有声．一曰所以养禽兽曰囿."简作"𡆢"，即是囿从有省声."囿"省声为"𡆢"，遂与《说文》"𡆢"字同形矣.《囗部》："𡆢：下取物缩藏之．从又，从囗."读若聂"．汉简"𡆢"字与《说文》"𡆢"字同形而异构，音义俱不相涉．

⿱雨各　2102　……祷祠入之三日，霜⿱雨各下。（阴．四）

按："霜⿱雨各"字本作"露"，从雨，路声，此作"⿱雨各"者，从路省声也。"露"省为"⿱雨各"，遂与《说文》训"雨零也"之"⿱雨各"同形矣。

澗　0131．澗練剽便所以逆喙也（臏、一四）

按："澗"依义当作"⿰氵簡"．《说文、水部》：

第　　页

“⿰氵簡，淅也。从水，简声。”简化“澗”者，省从間声也。“⿰氵簡”变作“澗”，遂与《说文》“山夹水”之“澗”同形矣。

第　　页

二、易声

漆　0277、……瀆沟漆波池……（阴、四）

按：“沟漆”字本作“洫”，从水，血声。此作“漆”者，以血、桼同为质部字也，因易从“桼”声。“洫”易声为“漆”，遂与《说文》漆水字同形矣。今油漆字亦作漆，此《说文》桼之加旁字也。《桼部》：“桼，木汁，可以䰍物。从木，象形，桼如水滴而下也。”“桼”加旁作“漆”，与漆水字、沟漆字同形而异字。

焯　1357：此黄帝知致不段焯色而下口……（阴、一一）

按：“焯色”字本作“灼”，从火，勺声。此作“焯”者，以卓、勺同为药部字也，因易从“卓”声。“灼”易声为“焯”，遂与《说文》训“明也”之“焯”同形矣。

20×15=300　　河北大学函授部稿纸

第　　页

作　1370：……器作=人=则君将失其威。（六、二）

按："作"即"借"字之异体。"借"本从人昔声，易从乍声者，乍、昔皆铎部字也。"借"之或体作"作"，犹"踖"之或体作"𨀣"也。"借"易声为"作"，遂与作为字同形矣。

䛩　0110：隐匿谋䛩所以钓战也。（臏·一一）

按："䛩"即"詐"之异体字。"詐"本从言乍声，易从作声者，作亦从乍得声也。"詐"易声作"䛩"，遂与《说文》训"慚語也"之"䛩"同形矣。又古佚书："国无盗戝（贼），䛩偽不生。""䛩"亦"詐"字也。

環　0842：其王纣作为環室王（玉）門。（晏·五）

按："環"字《文选·甘泉赋》注引《晏子》作"璇"。"璇"，美玉也，从玉，旋声。此作環

20×15=300　河北大学函授部稿纸

第　　页

者，"睘"、"旋"皆元部字也，"琁"易声为"環"，遂与《说文》训"璧肉好若一谓之環"字同形矣。

市 0283，親死不得为市。

按："市"即"幠"字。《說文、巾部》："幠，覆也。从巾，無声。"《礼记、丧大记》："幠用斂衾。"孔疏："幠用斂衾者，幠，覆也；斂衾者，将拟大斂之時衾被也。既迁尸于床，而用斂衾覆之也。"简文"親死不得为市"，谓不得为斂衾以覆尸也。"幠"作"市"者，"無"上古属鱼部字，"亡"上古属阳部字，鱼陽对转，因易从亡声。（古书"無"字多假"亡"字为之）（△說文改，读与撫同。是亡声、無声音近之证。）"幠"易声作"市"，遂与帛书《老子》"不知常，市作凶"之"市"同形矣。帛书"市"乃"妄"之省上易旁字也。

第　　页

閩　2061：殺人有報閩虻不……（阴、四）。

按：“閩虻”字本作“蟁”，或体作“𧍙”，俗作“蚊”。此作“閩”者，門、文，皆文部字也。（民声古真部，真文旁转）。“蚊”易声作閩，遂与《说文》训“东南越，它（蛇）種，从虫，門声”之“閩”同形矣。

~~枕　0822：徹而枕旁。（晏、八）~~

~~按：今《晏子春秋·内篇問上》作“赦过而救穷”。“救”本从攴，求声。此~~

洓　《战国纵横家书·八》：秦虽强，终不敢出塞洓河，绝中国而功齐。

按：“洓”《说文》作“㴑”。《水部》：“㴑，逆流而上曰泝洄。㴑，向也……从水，𢊁声。遡，㴑或从辵、朔。”此作“洓”者，盖从朿声也。“朿”字上古属锡部字，𢊁、朔上古属铎部

20×15＝300　　河北大学函授部稿纸

第　　页

字。屋、鐸音相近也。《说文》："眗，读若拘，又若良士瞿瞿。""拘"上古属侯部字，瞿上古属鱼部字，侯鱼旁转，故眗有拘、瞿二音。屋为侯之入，鐸为鱼之入，屋、鐸相转犹侯鱼相转也。"浡"易声为"涑"，遂与《说文》训"澣也"之"涑"同形矣。

炅　甲本：趮胜寒，靓胜炅。

按：马王堆汉墓帛书整理小组编《老子》注曰："通行本作静胜热。《道经》或炅或吹之炅字，乙本亦作热。炅，从火、日声，当即热之异体字，不读古迥切或古惠切。（见《广韵》）"此说甚是。"热"本从火，埶声。帛书作"炅"，易从日声也。热、日双声，上古皆属日纽。埶声上古属月部字，日上古属质部字，质、月二部音相近也。《说文·金部》："⿱埶金，从金，埶声。

20×15＝300　　　　河北大学函授部稿纸

读若至"。"至"上古属质部字。埶声而读若至，是质月二部音近之证也。又"⿱埶車"字从埶声，或从至声作"輊"（见《玉篇》），此亦质、月二部音近之证。"熱"易声作"炅"，遂与《说文》训"见也，从火日"之"炅"同形矣。

據　乙本：據鸟孟兽录弗捕。

按，"據"字甲本作"㩴"，傅奕本、王弼本作"攫"。"攫"从矍得声，矍上古属铎部字，乙本作"據"，甲本作"㩴"，易从豦，瞿声者，"豦""瞿"上古皆属鱼部字，此鱼铎对转之理也。"攫"易声作"據"，遂与《说文》训"杖持也"之"據"同形矣。"攫"省声作"㩴"，遂与《说文》训"爪持也"之"㩴"同形矣。（又疑"矍""㩴""攫"本一字之变异，从又与从手同意，"攫"又其后起加旁字也）

第　　页

佁　乙本：渊呵佁万物之宗。又：湛呵佁或存。又：纍呵佁无所歸。

按："佁"通行本作"似"，"似"本从人，㠯声。帛书作"佁"，易从台声者，台亦从㠯声也。"似"易声為"佁"，遂与《说文》训"痴皃"之"佁"同形矣。

楃　甲本：楃散口口口，又：楃唯口。

按："楃"字乙本、王弼本、傅奕本俱作樸。"樸"本从木，菐声，甲本帛书作"楃"，易从屋声也。"樸""屋"俱属上古屋部字也。"樸"易声作"楃"，遂与《说文》训"木帳也"之"楃"同形矣。

枋　古佚书：枕六枋以令天下。

按："枋"乃"柄""棅"之异体字。《说文·木部》："柄，柯也。从木，丙声。棅，或从秉。

20×15=300　河北大学函授部稿纸

第　　页

△周礼内史掌王之八枋 释文柄本亦作枋。

帛书作"枋"，易从方声也。古方、丙声同。《说文·人部》"仿"之籀文从丙声作"俩"，是其证也。"柄"易声作"枋"，遂与《说文》"木可作车"之"枋"同形矣。又汉简0358、0615柄字亦作"枋"，与帛书用字同。4

荷，古佚书：人亚（恶）荷。

按："荷"乃"苛"之异体字。《说文·艸部》"苛，小艸也。从艸，可声。"段注："引申为凡琐碎之称。"帛书作"荷"，易从何声也。何、可声同。"苛"易声作"荷"，遂与《说文》"扶渠叶"之"荷"同形矣。《汉书·郦食其传》："好荷礼"，"苛"亦作荷。

述，甲本：功述身退。

按："述"字乙本、王弼本、傅奕本俱作遂。"遂"本从辵，㒸声。帛书《老子》甲本作述，易从术声也。㒸、术上古俱属物部字。"遂"易

第　　页

声作“迷”，遂与《说文》训“循也”之“迷”同形矣。

吟《字类》：《史记·淮阴侯传》：虽有舜禹之智，吟而不言……

按：“吟”即“噤”字之异体。《说文》：“噤，口闭也。”是其义。“噤”本从口，禁声。此作吟者，易从今声也。“今”、“禁”上古同属见纽侵部字。“噤”易声为“吟”，遂与《说文》训“呻也”之“吟”同形矣。

提《字类》：《史记·吴王濞传》：引博局提吴太子，杀之。《补遗》：《史记·绛侯世家》：太后以冒絮提文帝。

按：“提”依义当作“擿”。《说文》：“擿，一曰投也”是其义。“擿”本从手，適声，《史传》作“提”，易从是声也。“是”上古属支部字，“適

20×15=300　　河北大学函授部稿纸

第　　页

上古屬錫部字，錫為支之入声也。"擿"易声作"提"，遂与"提挈"字同形矣。

脟，《字類》：《史记·司馬相如传》：脟割輪焠。讀曰臠。《汉书》同。

按，《文选·子虛賦》注："脟"音"臠"。《说文》"臠，一曰切肉也（依段注）"，是其义。臠本从肉，䜌声。《史记》作"脟"者，易从寽声也。䜌声在元部，寽声在月部，月為元之入声，䜌、寽音近。"臠"易声作"脟"，遂与《说文》训"肋肉也"之"脟"同形矣。

揣，《字類》、《汉书·贾誼传》：何足控揣。与摶同。《史记》作摶。

按，"揣"依义当作"摶"。《说文》："摶，以手圜之也（依段注）"，此其义。"摶"本从手，專声。作"揣"者，易从耑声也。耑、專上古

第　　页

俱属之部字、"~~楊~~槫"易声作"楊"，遂与楊度字同形矣。

汲　古佚书：瞻望弗及，汲涕如雨。

按：此引《詩·邶風·燕燕》，今《诗》作"泣涕如雨"。帛书"泣"作"汲"者，易从及声也。"及"声、"立"声俱在缉部，又"泣"属溪纽字，"及"属見纽字，見、溪二纽發音部位相同，易从及声，较从立声标音為切。"泣"易声作"汲"，遂与《说文》训"引水也"之汲同形矣。

槿　甲本：是胃深槿固氐……

按："槿"字乙本及通行本俱作"根"，依文當作"根"，此作"槿"者，易从堇声也。艮声、堇声俱在文部。"根"易声为"槿"，遂与《说文》木槿字同形矣。

20×15=300　　　　河北大学函授部稿纸

鸿：石经尚書残碑：伊鸿水曰陳其五行。又：张迁碑：缵戎鸿緒；尧庙碑：鸿名遂显。李翊夫人碑：赴鸿渊乎逝不来。

按：诸"鸿"字皆即"洪"字之异体。"洪"本从水，共声，碑作"鸿"者，变从鳿声也。"鳿"乃古鸿鹄字。汉简4877："……鳥之阴鳿鹄若以時北南者。"《汉书・司馬相如传・子虛赋》："鳿鷫鹄鸨。"娄机云："鳿，古鸿字，《史记》作鸿。""洪"变作"鸿"，遂与《说文》训"鸿鹄"之"鸿"同形矣。"鸿鹄"之"鸿"从鳥、江声，"鸿水"之"鸿"从水，鳿声，非一字也。

鉅《字類》、《史记・司馬相如传》撞千石之鐘，立万石之鉅。《汉传》正作虡。

按：《说文》"虡"之异体作"鐻"，从金，豦声，此作"鉅"，变从巨声也。"鐻"变作"鉅"

第　　页

遂与《说文》训“大刚也”之“钜”同形矣。

悟《字类》、《史记·韩非传》：大忠无所拂辞悟言，无所击排。拂悟当为咈忤，古字假借。

按：“悟”即“忤”字之异体，变午声为吾声也。“忤”变作“悟”，遂与《说文》训“觉也”之“悟”同形矣。此声符变异所致之异字同形，非段借也。

蓋，0382，敬之若严師，用之若土蓋。（论·二二）

按：“蓋”本作“芥”。“芥”从艸，介声。简作“蓋”，易从盍声也。“芥”变作“蓋”，遂与《说文》训“苫也”之“蓋”同形矣。

20×15=300　　河北大学函授部稿纸

三、讹声：

涑　冀州从事郭君碑：服职锻涑。《隶续》云：以锻涑为锻鍊。顾云：《周礼·考工记》㡛氏湅丝涚水，又《天官·盐人》注：谓出盐直不湅治。《释文》云：湅音鍊。其字从柬，碑变从束。

按：《说文·水部》："湅，𣵽也。从水，柬声。"碑作"涑"者，讹柬为束也。"湅"变作涑，遂与《说文》"涑水出发鸠山，入河"之"涑"同形矣。

愆　0895：虚者心愆惕……（共、二）

按："愆"当作"⿱術心"，"⿱術心"即"怵"字之异体也。"怵"字本从术声，汉简或易从術声，如1590简"万之众⿱術心惕心……"是也。此作"愆"者，術、衍形近也，因讹術从衍。"⿱術心"讹变为

"愆"，遂与《说文》训"过也"之"愆"同形矣。

潚 甲本：潚呵始万物之宗。

按："潚"字乙本及王弼本、傅奕本皆作渊，"渊"本从水，𣶒声。"𣶒"即"渊"之初文也，甲文有渊字作"（后上一五.二）"，与《说文》古文渊字形同。金文变作"（中山王鼎）"，篆变作"𣶒"（《说文》以为渊之省水者，颠倒始末），加旁作"渊"，帛书"渊"字讹从肃声，遂与《说文》训"深清也"之"潚"同形矣。

沸 古佚书：瞻望弗及，汲沸如雨。

按："沸"《诗·邶风》作"涕"。"涕"本从水，弟声，此作"沸"者，弟、弗形近，因讹从弗也。"涕"变作"沸"，遂与《说文》毕沸字同形矣。

第 页

纔 《字類》：《史記·五帝紀》："黄收纔衣。"索隱："讀曰緇。"

按："緇"字从糸，甾声，黑帛色也，其字或从才声作"紂"。《周礼·媒氏》"纔帛"注："纔实緇字也，古緇以才為声。"《礼记·玉藻》"大夫佩水蒼玉而纔组綬"注："纔当為緇，古文緇字，或作糸旁才。""纔"字隶书作"纔"（景北海碑阴）、"纔"（尹宙碑），"才"字隶书作"才"（武荣碑）、"才"（史晨后碑"材"字所从）。才、纔形近，"紂"因譌為"纔"，遂与《说文》训"絲也"之"纔"同形矣。

筍 《战国纵横家书》："筍毋任子，講，請以齊為上交。"

按："筍"当作"筍"，隶书竹、艸不分，故苟字又作"筍"。"苟"本从句声，句、司形近

第　　页

帛书同读从司作“笥”。“笥”更作“笥”；遂与《说文》训“饭及衣之器也”之“笥”同形矣。

四、益声。

虖　2691：……岁耕必大利有道虖口……（论四九）

按：“虖”即“乎”字。《说文、兮部》：“乎，语之馀也。”是其义。简作“虖”者，加注虍声也。“乎”益声为“虖”，遂与《说文、虍部》训“哮虖也”之“虖”同形矣。《汉书》“乎”字多作“虖”，与汉简用字同。

静　甲本：夫唯不静。

按：“静”字乙本及通行本俱作“争”，依义当作“争”。此作“静”者，加注青声也。青、争俱属耕部字。“争”益声作“静”，遂与《说文》训“审也”之“静”同形矣。

20×15＝300　河北大学函授部稿纸

第　页

五、異構

一、結构变易

膭 0605：前唯有千仁之溪析膭……（字.一〇）

按："膭"乃脊字之异体.《说文·巛部》："脊，背吕也，从巛，从肉"。简化"膭"，从肉，責声.变會意為形声也."脊"变化"膭"，遂与"膭子、魚子脯"之"膭"同形矣.（《廣韵》云，出《新字林》）

回 0927：不可攻回.（阴·四）

按："回"依义當化"圍"."圍"本从口，韋声，乃形声字.简化"回"，从二口，象重々包围之意。"围"变化"回"，遂与《说文》训"转也"之"回"同形矣。

20×15＝300　　河北大学函授部稿纸

第　　页

垸 0292：為飞壹暴则脆，再则如垸，三则盈握……（阴·九）

按：“垸”乃“丸”之异体。《说文·丸部》：“丸，圜也。倾侧而转者，从反仄。”（说解字形可疑）。简作“垸”，从土、完声，变会意為形声也。“丸”变作“垸”，遂与《说文》“以桼和灰丸而髹也”之“垸”同形矣。

朸 甲本：甚朸生之。

按：“朸”乙本、王弼本、傅奕本俱作“棘”。《说文·朿部》：“棘，小枣丛生者。从竝朿。”会意，帛书作“朸”，从木，力声，变会意為形声也。“棘”变作“朸”，遂与《说文》训“木之理也”之“朸”同形矣。

皣 古佚書：鼻口者，說皣味者也。

按：“皣”乃“臭”之异构。“臭”本从犬、自

20×15=300　　河北大学函授部稿纸

会意。帛書作"犫"，从牛，雔声，变会意為形声也。"具"变作"犫"，遂与《说文》训"牛息声"之"犫"同形矣。

壇：0282：為正多使百生分壇群居……（阴九）

按："壇"乃"廛"之异构。《说文·广部》"廛，二亩半也，一家之居。从广里八土。"会意。简化"壇"，从土、亶声，变会意為形声也。"廛"变作"壇"，遂与《说文》训"祭壇場"之"壇"同形矣。《周礼·地官·廛人》注："故书廛為壇。"

溜 0051：……絶水迎陵逆溜……（臏·八）

又0414：單食溜水……（論·二五）

按："溜"乃"流"字之异构。《说文·沝部》"㳅，水行也。从沝、㐬。㐬，突忽也。流，篆文从水。""流"字本从水、㐬会意，简化溜从水、留声。变会意為形声也。“流”变作“溜”，遂与《说文》“出郁林郡”之“溜水”字同形矣。

二、形声俱异：

卻 0374：凡相狗，卻高於厀，尻高於肩……（其·三）

按：“卻”即“腳”字之异构。《说文·肉部》“腳，胫也。从肉，卻声。”简化“卻”者，变

第　页

从肉、卻声为从卩，谷声也。"卻"之从卩与卸之从卩同意。"脚"变作"卻"，遂与退卻之"卻"同形矣。

沂　尧庙碑：德不殄兮祉无沂。

按："沂"乃"垠"字之异构。"垠"本从土艮声。此作"沂"者，变从水，斤声也。"垠"变为"沂"，遂与《说文》"沂水"字同形矣。

眺　乙本：光而不眺。

按："眺"字王弼本作"燿"，傅奕本作"耀"。《说文·火部》："燿，照也。从火，翟声"。此作"眺"者，变从目，兆声也。"燿"变作"眺"，遂与眺望字同形矣。

洛　甲、乙本：天地相合以俞甘洛。

按："洛"字通行本作"露"，"露"本从雨路声，帛书作"洛"，变从水，各声也。"露"变

20×15=300　河北大学函授部稿纸

第　　页

作"洛"，遂与洛水字同形矣。

許　古佚书：許差而予之。

按："許差"即吁嗟也。《说文、亏部》："吁，驚语也。从口亏、亏亦声（字又見《口部》）"。帛书作"許"，易从言，午声也。"吁"变作"許"，遂与《说文》训"聽言"之"許"同形矣。

戲　《字類》：《史記、項羽紀》、諸侯罢戏下。《高祖紀》：兵罢戏下。音麾。《汉书、高帝紀》：諸侯罢戏下，謂軍之旌麾下。許宜反，亦读曰麾。《汉书》通以戏為旌麾指麾字"。

按："旌麾"字本作"摩"。《说文、手部》"摩，旌旗，所以指麾也。从手，靡声"。《史》《汉》作"戲"，变从戈，虚声也。"摩"為战旗故亦从戈作。"摩"变為"戲"，遂与《说文》训

20×15=300　　河北大学函授部稿纸

第 页

"三軍之偏也，一曰兵也"之"𨽸"同形矣。

圻《字類》：《汉書、文帝紀》："封圻之内。"亦畿字也。

按："圻"本作"畿"。《说文、田部》："畿，天子千里地。以遠近言之则言畿。从田，幾省声。"《汉书》作"圻"者，变从土，斤声也。从土与从田同意。斤声与幾声相近。《老子》"轻敌幾丧吾宝"帛书甲本"幾"作"斤"，是其证也。"畿"变作"圻"，遂与"垠"之或体作"圻"者同形矣。

憮《字類》：《汉书、薛宣传》："君子之道焉可憮也。"讀作誣。

按："誣"本从言，巫声。《汉书》作"憮"者，变从心，無声也。"誣"变作"憮"，遂与《说文》训"愛也……一曰不动也"之"憮"同形。

20×15=300 河北大学函授部稿纸

第　　页

鐶《字類》：《汉书·五行志》：宫門铜鐶。讀作環。

按："環"本从玉，睘声，《汉书》作"鐶"，变从金，睘声也，以其环為金製也，故从金。"環"变作"鐶"，遂与《说文》训"鋝也"之"鐶"同形矣。

掔《字類》：《史記·郑世家》：肉袒掔羊。与牽同。

按：《说文·牛部》：牽，引而前也。从牛，冂象引牛之縻也，玄声。（说解初形）《史记》作"掔"者，易从手，臤声也。"牽"变作"掔"，遂与《说文》训"固也"之"掔"同形矣。

擊《字類》：《汉书·楊雄传》：擊象犀。古牽字。

20×15=300　　河北大学函授部稿纸

第　　页

按："悻"变作"檕"，遂与《說文》训"梼頭也"之"檕"同形矣。

鋸 0826：前蚤（爪）后鋸……（膭、九）

按："鋸"本作"距"。《說文·足部》："距，鷄距也。从足，巨声。"简作"鋸"者，从金，居声也。古人斗鸡，鸡距有沓以金者，《左传》"郈氏為之金距"是也。故鸡距字或从金作也。"距"变作"鋸"，遂与《说文》训"槍唐也"之"鋸"同形矣。

20×15＝300　　河北大学函授部稿纸

~~按："障"变作"[illegible]"，遂与《说文》训"[illegible]頸也"之"[illegible]"同形矣。~~

三、偏旁易位

鄣　衡方碑：保鄣二城。顾云：《集韵》障或作鄣。冯焕詔：去年鲜卑连犯鄣塞。朱龟碑：鲜卑数犯鄣塞。障亦作鄣。

按：《说文·阜部》："障，隔也。从阜，章声。"障塞字当如此作。孙叔敖碑："波障源泉"，杨统碑："障塞无事"，字皆作"障"，是也。汉隶阜旁变作"阝"，"障塞"字作"鄣"者，移阝旁於右也。《说文·邑部》又有"鄣"字，云："纪邑也"，乃地名用字。段玉裁曰："《春秋经·庄三十年》：齐人降鄣。《公羊》《谷梁》皆曰鄣，纪之遗邑也。"从邑之"鄣"与从阜之"障"本非一字也，以隶书阜、邑二旁皆作阝，"障"

字又移卩於右，遂与鄭邑字同形矣。

韙 0586 ……兵弊韋韙之事及它物。（序、三）

按："韙"本作"鞮"。《说文·革部》："鞮，革履也。胡人履连胫，谓之络鞮。从革，是声。""鞮"本从革，是声。易从韦又移韦於是声之右，遂与《说文》从是，韦声之"韙"同形矣。

郏 唐扶颂：分郏之治。《隶释》云：反陕为郏，此用字之异者。

按：《公羊传》："自陕而东者，周公主之；自陕而西者，召公主之。"此碑所谓分陕之治也。何注："陕者，盖今弘农陕县是也。"其字本作陝，碑变作"陜"，与陜隘字无别。张迁碑："邵伯分陜"，字作"陜"。唐扶颂作"郏"者，即"陜"之移旁者也。"陜"变作"郏"，遂与郏（古洽反）郏字同形矣。

前人說同形异字，每多斥為叚借，其說多有可疑。字經变易，异体与已有之字无涉乃谓之异体，异体若与已有之字偶同便谓之叚借，同是变易也，一谓异体，一谓叚借，此一可疑也。書者非皆治文字者也，已有之字，一人岂可遍识，且异体与已有之字偶同者多有冷字，若几案字作机，与机木字偶同，机木之机不经見，書者写几為机，固不知已有机木作机也。即令知之，亦或以其不经見而不避同也。说者指為叚借，岂与書者之意合乎？此再可疑者也。當文字尚少之時也，書者不得不借用已有之字以表意达情，及文字之备也，書者何必舍本字而借他字以淆人耳目哉？此可疑者三也。同形异字不合於许慎、郑玄叚借之界说，許、郑二君叚借说俱以“本无其字”為限，此可疑

第　　页

者四也。今民间用字，书“街”作“亍”，书“酒”作“氿”，而《说文》固有“亍”、“氿”字矣。《彳部》：“亍，步止也；从反彳，读若畜。”《水部》“氿，水厓枯土也。从水，九声。”《尔雅》曰：“水醮曰氿。”若谓今民间之“酒”字乃借《说文》之“氿”、“街”字借用《说文》之“亍”，必为学者所笑矣。古人用字，有似於此也，以今证古，謂同形异字者为叚借益可疑矣。經上文对同形异字成因之探讨，始知同形异字乃文字变易所致之文字偶然重合，非叚借也。

20×15=300　　河北大学函授部稿纸

第三部分

“既有其字之假借”不为假借说

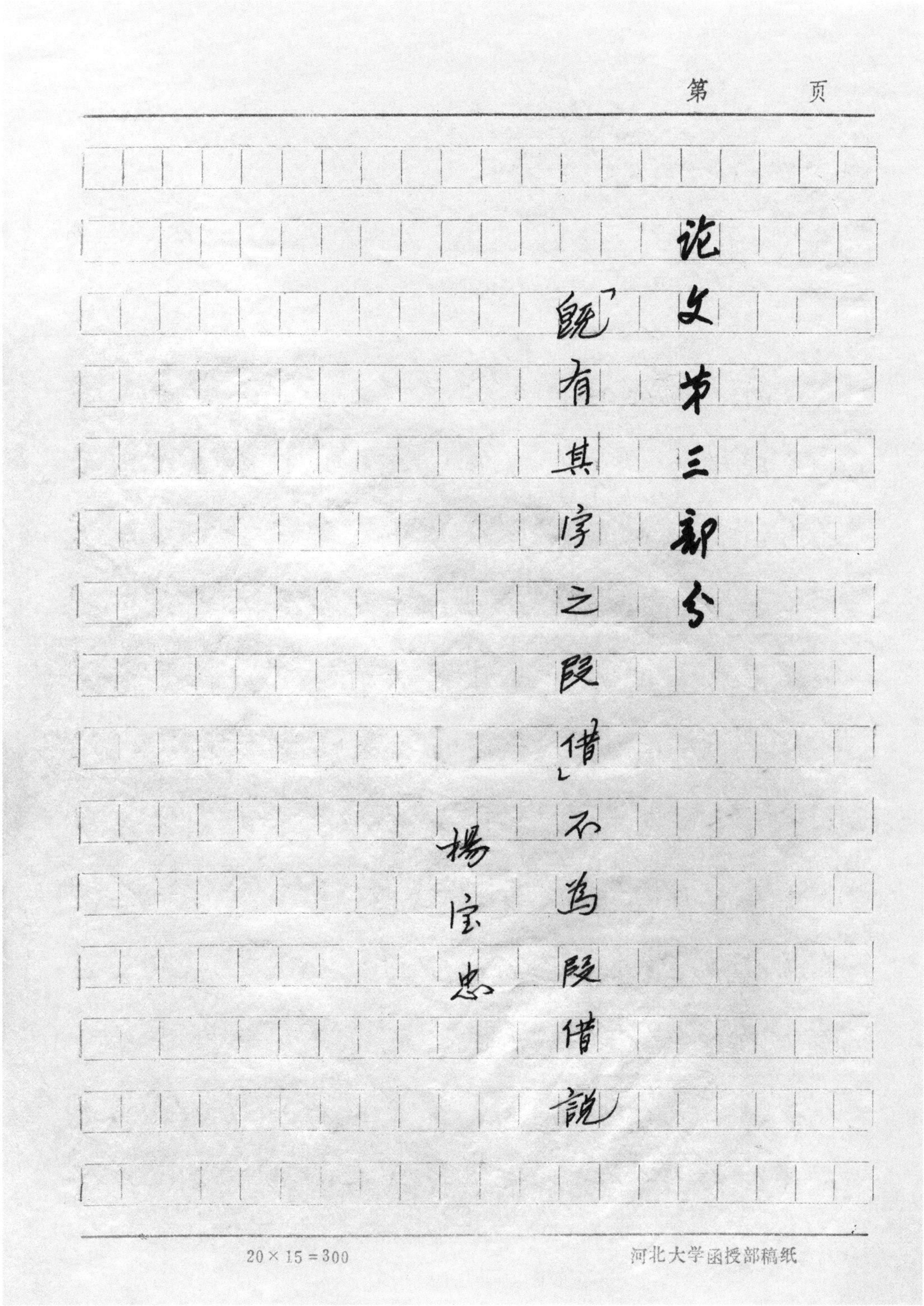
第　　页

论文第三部分

「旣有其字之叚借」不爲叚借說

楊宝忠

20×15=300　　河北大学函授部稿纸

前人論叚借，多分叚借為二，一曰本无其字之叚借，一曰已有其字之叚借。段玉裁則分之為三。段氏曰："大氐叚借之始，始於本无其字；及其后也，既有其字矣，而多為叚借；又其后也，且至后代譌字亦得自冒於叚借。（《說文解字注·序注》）"段氏又於《說文》"屮"字下注曰："至於古文以屮為艸字，以疋為足字，以丂為亏字，以俟為訓字，以臭為澤字，此則非屬依声，或因形近相叚借，无容后人效尤者也。"是段氏於本无其字、既有其字之叚借外，又益之以形近叚借也。筆者以為叚借仅有本无其字之叚借，而已有其字或形近而譌者，不得與於假借之列．兹論之如次．

一、許慎、鄭玄说假借皆以本无其字者為限，而既有其字与形近相讹者不與焉。

許君曰："保氏教国子，先以六書．一曰指事……六曰假借．假借者，本无其字，依声託事，令長是也．"（《说文解字·叙》）此許君假借之界说也．鄦君於界说之中独標"本无其字"，則"既有其字"与"形近而讹"者不得冒以假借之名也。鄦君《说文》说解中亦时揭假借之例．如《来部》："来，周所受瑞麦来麰也……天所来也，故為行来之来．"《烏部》："烏，孝鳥也，象形。孔子曰：烏，盱呼也．取其助氣，故以為烏呼。"《鳥部》："鳳，神鳥也……

凰飛群鳥从以萬數，故以為朋黨字。”《韋部》：“韋，相背也……獸皮之韋可以束枉戾相韋背，故借以為皮韋。”《西部》：“西，鳥在巢上，象形。日在西方而鳥棲，故以為東西之西。”《子部》：“子，十一月陽气动萬物滋，人以為称。”凡此六者，皆本无其字、依声託事之明证。本无來往、烏呼、朋黨、東西、皮韦、太子诸字，而取來麰之來，孝鳥之烏，神鳥之朋，鳥在巢上之西，相韋背之韋，十一月陽气动万物滋之子為之。此鄉君说段借之明文也。

郑玄曰：“其始書之也，倉卒无其字，或以音类比方段借為之，趣於近之而已。受之者非一邦之人，人用其鄉，同言异字，同字异言，於兹遂生矣。”（《经典释文·叙录》、張守節《史记正义》並引之）。鄭氏说段借生於“倉卒无其字，"倉卒无其字"似可作二解。一為已有其字，以書之倉卒，无暇忆及，因取音同、音近之字假借為之者；一為本无其字，以書之倉卒，无暇造字，因取音同、音近之字假借為之者。前人解郑君此语多取前者（如洪诚《训诂学》），窃以為后一种解释方合郑君之意。郑君注《周礼》言假借者凡四見：《考工记·玉人》："衡四寸"注曰："衡，古文横，假借字也。"《矢人》："以其笴厚，為之羽深。"注曰："笴，读為稾，谓矢幹，古文假借字。"《匠人》："置槷以縣眂以景。"注曰："槷，古文臬，假借字。"《弓人》："豐肉而短，寬緩以荼。"注曰："荼，古文舒，假借字。"依郑君之注，"衡""笴""槷""荼"乃古之"横""稾""臬""舒"也，古无"横""稾""臬""舒"四字，故《周礼》借"衡""笴""槷""荼"

第　页

為之也。是郑氏叚借之说与鄦君无异，皆以本无其字為叚借之限也。又郑氏注《礼》，於已有其字之"叚借"与形近而讹之"叚借"，每斥為声之误也、字之误也。如《周礼·内饔》"豕盲眡而交睫，腥"注曰："腥，當為星，声之误也。"《腊人》："共豆脯"注曰："豆，當為羞，声之误也。"《旅師》："而用之以质剂致民"注曰："而當為若，声之误也。"《占人》："九簭之名，一曰巫更，二曰巫咸……九曰巫環，以辨吉凶。"注曰："此九巫读皆当為筮，字之误也。"《大祝》："九祭，一曰命祭，二曰衍祭，三曰炮祭……"注曰："衍字当為延，炮字当為包，字之误也。"《内司服》："内司服掌王之六服，袆衣、揄狄、闕狄、鞠衣、展衣、缘衣，素沙。"注曰："展声相近缘，字之误也。"郑氏既以

第　　页

同声近、形近将甲字写作乙字者為字之误，則郑氏叚借说中不含已有其字与形近而讹者明矣。

依許、郑二家之说，叚借者，本无其字，依声托事之谓也。若既有其字之"叚借"与形近"叚借"不為叚借也。然則既有其字之"叚借"与形近"叚借"為何？曰：為同形异字，為古今字，為形近之误、為声近之误。

[illegible]：辨别本字與否當以字形分析為主

《說文》可作参考，但不可盡據。

汉字是表意体系的文字，更是记录汉语言的書写符号。汉字的构成与变异，每々受到汉语的制約与影响。在不同的语言环境中，代表同一语言的字可以有不同的書写形式，此即所谓随文造字，亦即郑玄所谓"字从類"也（見《周礼、雍氏注》）。由此，判断一字是用本字还是用借字，必须结合语言环境作字形分析，凡字形与语义相合者，即是用本字；语义与字形无关者，则非用本字也。

前人辨字，多以《说文》为據，用字与《说文》合者，乃视为用本字；用字与《说文》不合者，便视为借字，不知《说文》不可尽據也。汉字自脱胎於图画，至小篆已有两、三千年之历史。文字去古已远，形体多有讹变。許慎據小篆而说解文字，小篆之形体既讹，故其说解亦多不當。如：

《丁部》："丁，夏時萬物皆丁实，象形。丁承丙，象人心"。

按："丁"字甲文作"（甲二三二九）"、"（后上三一、五）"，金文作"（作册大鼎）"、"（者减钟）"，六国文字作"（印、侍時）"、"

（陶文编），篆遂变作"个"甲文、金文本象金铤之形，此即《说文·金部》之"钉"字也。《金部》"钉，鍊鉼黄金也。从金，丁声。"（参见唐兰《殷墟文字记》），許君不知"个"即甲文金文"口"、"■"形之变，乃谓丁象万物丁实之形。

《二部》："凡，冣括而言也。从二，二、耦也；从弓，弓，古文及字。"

按："凡"字甲文作"H（拾七、二）"，金文作"H（番从盘）"，字本象器皿之形，乃盘之本字也。篆作"H"，乃"H"形之讹变，許君不明其误，因误解作"冣括而言也，从二……从弓"於形、於义皆不当。

以上两例皆因字形发生讹变，許君據误形而为说解，未得字之初谊者。亦有字形不讹，

第　页

因許君不明字之内部結构而误為说解者。如：

《又部》："叜，老也。从又、灾。"

按：甲文"叜"字作"（前四、二八）""（前、四、二九）"，象以又持火於屋中。朱駿声曰："即搜之古文也，从又持火屋下索物也。会意。"朱说甚是。《方言》："搜，求也，就室曰搜。"《通俗文》："入室求曰搜。"許君解"叜"字為"老也，从又、灾"，於形、於义皆非。

《屮部》："每，艸盛上出也；从屮，母声。"

按："每"字甲文作"（粹二六〇）"、"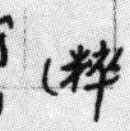（粹六六三）"，金文作"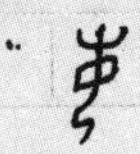（天亡毁）"、"（曶鼎）"字从女，或从母（从女与从母同意），上象髮分披之形，不从"读若徹"之"屮"也。金文"每"字或作"母"（見杞伯壶），篆文"毓"字金文或作"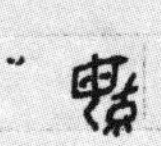（班毁）"，从母，是"每"即"母"之或

第　　　　页

体也。許君解作"艸盛上出也，从屮，毋声"，形、义俱非。

汉字發展到小篆，不仅字形发生变易，字义亦多有变迁也。許君说解文字，時為今义所囿，故其释义有以引申之义為本义者，有以叚借之义為本义者。如：

《一部》："元，始也，从一、兀声（依段注）。"

按："元"字甲文作"[illegible]（乙五六二七反）"，金文作"[illegible]（商元父戊卣）"，字从人，上象人首之形，此乃指事字，本义即指人首也。《左传·僖公三十三年》："狄人归其元。"又《哀公十一年》："公使大史固归国子之元。"《孟子·滕文公下》："勇士不忘丧其元。"元皆训首，此用本义者也。《说文》训始，始乃首义之引申也。

20×15＝300　　　　河北大学函授部稿纸

《从部》："从，相听也。从二人。"

按："从"字象一人随行於一人之后，其本义當為随行。《说文》从部》又出"從"字训随行，"從"即"从"之后起加旁字也。《论语·微子》："子路從而后。"《左传·庄公十年》："可以一战，战则请從。""從"字皆训随行，用从、從之本义也。《说文》训"从"為"相听也"，"相听"乃随行义之引申也。

《八部》："曾，詞之舒也。从八，从曰，𡆧声。"

按："曾"字金文作"（曾鼎）"、"（曾伯壶）"、"（曾姬无卹壶）"，金文又有"會"字作"（蔡子匜）"，战国印作"（续齐）"，"會"、"曾"二字所从之"田"形乃象箪箄之形，下所从"口"、"曰"象釜形，"會"上所从之"A"

第　　页

象其蓋，"曾"字所从之"八"象热气蒸騰而上也。依字形、字音求之，"曾"者，"甑"之初文，《说文·瓦部》："甑，甗也。"段注："《攷工记》陶人為甑，实二鬴，厚半寸，脣寸，七穿。按甑所以炊烝米為飯者，其底七穿，故必以箅蔽甑底，而加米於上，而餴之，而餾之。"金文曾字正象甑之形制也。是"曾"之本义為蒸煮器，象形。其训"詞之舒也"者，"曾"之叚借义也。此為本无其字之叚借，真叚借也。

《我部》："我，施身自謂也。或说：我，頃頓也。从戈、手。手，古文垂也；一曰古文殺字。"

按："我"字甲文作""（藏三、五、三）王国維曰："我字疑象兵器形，训余為借义。"（《甲骨文字集释》十二引）。許君训"我"為"施身

第　　页

自谓"，此以叚借义為本义者也。

《說文》書中，亦有以不明文字流变而误分一字為二字者，误合二字為一字者，如

《口部》："呭，多言也。从口，世声。"

《言部》："詍，多言也。从言，世声。"

按："呭"与"詍"音义皆同，实一字之变异也。二字皆以"世"為声，从言、从口义本相通。如："詠"字或从口作"咏"，"諎"字又从口作"唶"（見《言部》）。"吟"字或从言作"訡"，"啧"字或从言作"謮"（見《口部》），是其证也。許君分"呭"入《口部》，"詍"入《言部》，不知"呭"、"詍"本一字也。

《八部》："曾，詞之舒也。从八，从曰，四声。"

《鬲部》："䰝，鬵属。从鬲，曾声。"

20×15=300　　河北大学函授部稿纸

《瓦部》："甑，甗也。从瓦，曾声。"

按："曾"本象甑形，（说见上），乃"甑"之初文也。經传多借"曾"為语词，因制"甑"字以别之，"甑"之从瓦，以其初本陶器也。又以其為鬲屬也，字又从鬲作"䰝"，"曾"、"甑"、"䰝"本一字之变易也，許君不知，因分為三，一入《八部》，一入《鬲部》，一入《瓦部》。

《辵部》："徙，迻也。从辵，止声。𢓊，徙或从彳。𡲬，古文徙。"段注："未详其形声会意。"

按："𡲬"字从尸火米於义不可说解，"𡲬"盖"𡳐"形之误。"𡳐"从"𡰪（屋）"，从米，當即今之"屎"字也。"𡳐"之变作"屎"，犹"𡱜"之变作"屋"也。"𡳐"下所从之"米"，与"粪"字所从之米同意，皆象粪便之形。然则"𡳐"

与"菌"同字，而与"徙"非一字也。《说文、艸部》："菌，粪也。从艸，胃省（困亦象粪便之形，不从胃省。）"上古"徙"字在支部，从止声则在之部，"屎"字在脂部，黄先生曰上古脂之支三部不分，是许君因声近而误合"屎"、"徙"二字为一字也。

《又部》："叜，老也。从又、灾（铉本灾下有"阙"字）……傁，叜或从人。"

按："叜"即"搜"之初文，从又持火於屋下，会搜求之义也。（说见上文）。而"傁"字从人，叜声，当即老叟之本字。《方言》："傁、長老也。东齐鲁卫之间凡尊老谓之傁。"《左宣十二年传》："顧曰赵傁在后。"此用本字者也。经传老傁字多作"叟"。如：《庄子、在宥》："叟何人耶？""叟"即"傁"之省也。"叟"本"搜"

之初文，“傻”乃傻老本字，许君误合“叟”、“傻”二字为一字。

《説文》因形求义，得文字之初谊者固然居多，然而許君藉以求义之形去古已远，字形既多讹误，字亦义多所变迁，故其说解亦有如上所述种々謬误。况且《说文》为許君未竟之書（拟具别文討论之），故書中多有失收之字，因此，辨别古書用字，《説文》可供参考，但不可尽据。

[illegible]、同形异字不為叚借説

文字变易产生异体，异体字与已有之字形体偶同而意义无涉者，是為同形异字。同形异字各為其字，非叚借也。如：

《説文·貝部》：“賜，予也。从貝，易声。”

《金部》：“錫，銀鉛之間也。从金，易声。”古書賜予字多作“錫”。《春秋·庄公元年》：“王使荣叔来錫桓公命。”《楚辞·离騷》：“肇錫余

以嘉名。"朱骏声以此二句中"锡"字之"赐"之借字。(见《说文通训定声》"锡"字下注)。段玉裁亦曰："凡经传云锡者，赐之段借也。"(见《说文解字注》"赐"字下)。按："赐"字甲文未见，卜辞中凡赐予字皆但作"易"。金文始见赐字(见中山鼎)。此以所赐者货贝也，故於易旁施贝作"赐"。其后所赐之物以金玉代货贝，故赐字易以金旁作"锡"。赐易旁作锡，遂与金属之"锡"同形矣。然而锡予之锡自为赐之异体，锡铜之锡自为金属用字，二字形体虽同而意义无涉，非一字也。朱、段二人皆谓借锡为赐，非是。

《説文、鳥部》："鴻，鴻鵠也。从鳥，江声。"《水部》："洪，洚水也。从水，共声。"古書洪水、洪大字多作"鴻"。如《史记、河渠

第　　页

書》：“禹抑鸿水”。《楚辞·天問》：“不任汩鸿”。《礼记·緇衣注》：“深渊鸿波”。此等鸿字，前人多以为“洪”之借字。余则以为此等“鸿”字乃“洪”之异体，而与“鸿鹄”字为同形异字。“洪”之作“鸿”者，变从鸟声也。共声、鸟声上古音俱属東部字，共声上古属群纽，鸟声上古属匣紐，“洪”字上古亦为匣纽東部字也，变共声为鸟声者，鸟声较共声更切於“洪”之读音也。“鸿水”字从水、鸟声；“鸿鹄”字从鳥江声，二字形体虽同，然实非一字。

　　《說文·艸部》：“蔈，苕之黄华也。一曰末也。从艸、票声。”

《说文》“一曰”之例，有说字音者，如《片部》：“牏，读若俞，一曰若紐”是也；有说字形者，如《晶部》：“曐，从晶，生声；一曰象

20×15＝300　　河北大学函授部稿纸

形"是也；有说字义者，说字义之中，有二义相同或相近者，如《艸部》："荒，蕪也；一曰艸淹地也"。杂艸掩地即是荒蕪，二义相同；有二义迥隔无关联者，如上所举"蔈，苕之黄华也，一曰末也"是也。《說文》之中，一字之下，说以二义，二义无涉者，其字為同形异字，非一字也。若"蔈"字既為"苕之黄华"之"蔈"，又為"末也"之"蔈"。训"末也"之"蔈"与"標（木杪末也）"、"杪（木標末也）"、"秒（禾芒也）"音义相同，同字异形者也。而与训"苕之黄华也"之"蔈"义意无涉，同形而异字者也。朱骏声以训"末也"之"蔈"為"秒"之借字，非是。《说文》"一曰"例中多同形异字者，前人多不达许氏"一曰"之意，今揭櫫於此，以待他文详论之。

三、古今字不為段借说

古今字不為段借，衆所周知也。若今字盛行而古字罕用或已為他用者，前人則多误以用古字為段借。如：

银雀山汉简2315简（以下但称简数）：引而員之員中規，引而方之口中矩。

按："員"字甲文作"（佚二）"，金文作"（员父尊）"，字从鼎，○象鼎口之圓也。是則员即圓之古字也。汉簡方圓字作"員"者，用古字也。《孟子·離婁上》："不以規矩，不能成方員。"而汉簡用字同。《辞源》以《孟子》中"员"字為"圓"之通段字，非是。

1269：……内鄉者有立戦（陣）者有坐戦……。

按："鄉"字甲文作"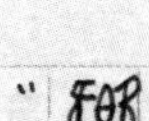（前一、三六、三）"，金

文作"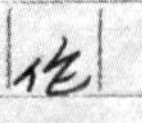(毛公鼎)"字象二人相向而食之形，故其字為嚮、饗之古字也。(文字源於图画，汉字之初，盖有一观图析义之阶段欤？同一字也，自不同角度观之，便得不同之意义，如鄉之為嚮、為饗；雨之為雨水、為降雨；受之為承受、為授与；亂之為治理、為紊乱等字是也)汉简作"鄉"，即用"嚮"之古字，非借鄉党字以為方嚮字也。《尔雅·释宫》："两階間谓之鄉"注："人君南鄉當階間"。《左传·昭公四年》："何鄉而不济"。方嚮字作"鄉"，亦用古字也。自鄉字用為鄉邑字也，人鮮知為鄉嚮之古字，乃谓嚮作鄉者為假借矣。

2318：武王即立。

按：甲文"立"作"(前、二、三七、七)金文作"(父丁卣)，字象人正面而立之形。

第　　页

《说文・立部》：“立，住也。”《人部》：“位，列中庭之左右谓之位。”金文立位不分，字皆作立。颂鼎“王各大室即立”是其证也。盖自其象人立之形观之则为立住之立，自其所立之处观之即为位置之位也。“立”实即“位”之古字，“位”乃“立”之后起区别字。《周礼・小宗伯》“掌建国之神位”注曰：“故书位作立……古者立位同字。古文《春秋经》公即位为公即立。”是《周礼》故书与古文《春秋经》用字与汉简相同也。朱骏声谓位作立者为段借，非是。

0100：施伏設爰击其移然此击祿国之道也。

按：“爰”、“援”古今字也。甲文“爰”字作“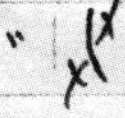（乙四六九九）”、作“（甲三九一五）”，象一人持丨以引他人之形。自“爰”字借为语词，乃更造援字以为援引字也。汉简作“爰”，用古

第　页

字也。《说文》"爰"字入《𠬪部》，"援"字入手部，二字均训"引也"。《说文》书中多异部重文，此其一例也。

0585：……恐外脂之空屚、室屋毁败。又1681以其国法之荒正之坏塞之屚。

按："屚"、"漏"古今字，"屚"字从尸，与屋字从尸同意，皆象房屋之形也。尸下有雨，会屚字之意。后加旁作"漏"，屚者，古字，漏者今字也。《说文》分"屚"、"漏"为二。《雨部》："屚，屋穿水下也。"《水部》："漏，以铜受水，刻節，昼夜百刻。"計時之器所以名漏者，以其取象於屋屚也。《说文》以"漏"字专属於铜漏用字，非是。古書屚水字多作"漏"，如《尔雅》："西北隅谓之屋漏。"孙注："當室之白，日光所漏入。"《荀子·儒效》："穷阎漏屋。"朱骏声谓此等漏

第 页

字皆为"扁"之借字，非是。经传扁下字作漏者，用今字也。汉简作扁者，用古字也。

0731：然后可以兴兵而正暴。

按："正"、"征"古今字。甲文作"[字形]（藏三一、三）"、"[字形]（藏三五、一）"，字从口（与邑字从口同意），从止，会征伐、征行之意。卜辞"告曰：土方正我东啚。""正"字正取征伐之义。《说文·正部》："正，是也。从一，一以止。"王国维曰"正以征行为本义，許训是盖引申之义。"王说是也。征行字经传多作"征"，用今字也；汉简作"正"者，用古字也。

1160：……不立无故而小其衡石斗甬是胃削。

按："甬"、"桶"古今字也。其字甲文作"[字形]（京津三〇九二）"，象甬（桶）之形，上象甬体，下象其把手。周代金文分化为用、甬二字。（参

20×15=300 河北大学函授部稿纸

第　　页

見于省吾《甲骨文字释林·释用》。以甬為木器也，因加旁作"桶"。《說文》分用、甬、桶為三字。《用部》："用，可施行也。从卜，从中，卫宏說。"《马部》："甬，艸木华甬甬然也。从马，用声。"《木部》："桶，木方受六升，从木，甬声。"（鄦君用、甬二字說解俱非初形、初谊）是许君不明用為甬之古字，甬為桶之古字也。汉简桶字作"甬"，用古字也。又《吕览·仲春》"角斗桶"，《礼记·月令》作"角斗甬"，是《吕览》用今字，《礼记》用古字也。朱骏声以為《礼记》借甬為桶，非也。

3186：……死臽之险结……

按："臽""陷"古今字也。其字甲文作"[illegible]（續二、一六、四）"，金文作"[illegible]（[illegible]钟）"，字象人陷落於坑坎之形。經传陷落字多作陷，用

20×15=300　　河北大学函授部稿纸

今字也。汉简作“匃”，用古字也。

0837：……嫁女取妇祷祠……

按：“取”、“娶”古今字也。娶妇字古但作取，《易·需》“勿用取女”；《礼记·杂记》：“可以冠子取妻”；《左哀十二年传》：“昭公取於吴”，是其证也。后製“娶”字以为取妇专字，以别於取物之取，朱骏声不明取为娶之古字，娶为取之今字也，乃谓“娶”之作“取”者为假借。（朱说见《说文通训定声》，本文所引朱说俱出於是书，以下但称朱说，不再注明出处）

古书中古字、今字并存，是由文字不规范、用字不统一所致；今字盛行而仍用古字者，此出自好古之心，犹今日简化字通行，而有人仍用繁体字也。古今字为一字之变易，不得视为假借。

第　　页

四：声近而误不为假借说

古者为学，崇尚耳治。经師授业，以口相传，門徒记录，重在记音而已。又古時文字未经规范，小学不修，是以古書多别字也。刘向校書，已言文字多讹误者矣。其《战国策叙录》曰："《战国策》……本字多脱误为半字，以趙为肖，以齊为立，如此者多。"又《晏子叙录》曰："中書以夭为芳，又为备，先为牛，章为長，如此类者多。"《列子叙录》曰："中書多，外書少，章乱布在诸篇。中或字误，以盡为進，以賢为形，如此者衆。"其中"趙"之为"肖"、"齊"之为"立"，"夭"之为"芳"，"又"之为"备"、"先"之为"牛"，涉形而误者也；"章"之为"長"、"盡"之为"進"、"賢"之为"形"，声近而误者也。郑玄注《礼》，凡遇同音同、音近而将此字写作他字者，亦每斥为"声之误也"。如《周礼·疡医》："掌肿疡、溃疡、金疡、折疡之祝药。"注曰："祝当为注，读如注病之注，声之误也。"《内饔》："辨腥臊膻香之不可食者。"注曰："腥当为星，声之误也。"《腊人》："凡祭祀，共豆脯。"注曰："豆当为羞，声之误也。"《媒氏》："上旌于思次以令市。"注曰："思当为司，字声之误也。"有斥为"字之误也"者，如《大司徒》："其植物宜膏物。"注曰："膏当为櫜，字之误也。"《司尊彝》："诸臣之所昨也。"注曰："昨当为酢，字之误也。"《男巫》："春招弭，以除疾病。"注曰："弭读为敉，字之误也。"高诱《吕览·过理篇》："宋王筑为蘖帝。"注曰："蘖当作巘，帝当作臺。蘖与巘其音同，帝与臺字相似，因作蘖帝耳。"此言"蘖当作巘"，声近而误作"蘖"字耳。以上所举诸例，皆為缘声近而将此字写作他字者，刘向、郑玄、高诱皆视此等用字為误字也。

当雕板术之未兴也，古書依手钞而得以流传。書经三写，讹误生焉；加之古時小学不修，文字未经规范，遂以致古書多讹字也。以今日文字规范若此而今人為文尚多写别字律之，则古書多讹字，不足怪也。若谓古人所写之别字皆為假借，是古人不写别字也，岂今人反不及古人乎？且刘向、郑玄、高诱皆生当汉代，汉代用字甚不规范。若其時已有其字而因音同、音近将之写作他字者為假借，则刘、郑、高诸人校注古書何不谓某為某之借字，而言误字邪？刘、郑、高诸人既视為误字，则其非假借明矣。有清以来，治小学者，多以“声之误”為假借，（如上引《周礼·疡医》注“祝当為注……声之误也"，朱駿声谓视为注之借字），此既不合古人用字之事实，又无裨於字学者也。

凡已有其字，字形、字义无道理可言，但因音同或音近而写成他字者，直是讹字，不关叚借。古書声近而误之例甚多，今更举数例以明之。

帛書《老子》乙本（以下所引帛书《老子》但称甲本、乙本）："天毋已清将恐莲。"

按："莲"字传世本《老子》俱作"裂"。作"莲"於义无取，乃"裂"字之误也。"莲"字上古音属来纽元部字，"裂"字上古属来纽月部字，二字声韵俱近，因误书作"莲"耳。又馬王堆汉墓出土古佚書："商阙而栝先人之连"。"烈"写作"连"，其误正与"裂"讹作"莲"相同。馬王堆汉墓帛書整理小组《老子》注谓莲裂一声

第　　页

之转，故段莲为裂，非是。

乙本：为学者日益，闻道者日云＝之有云以至於无口。

按：以上三"云"字传世本《老子》俱作"损"，此以"损"与上"益"字相对为文，作"损"者是也。此作"云"，於义无取，声之误也。"损"上古属文部字，"云"上古亦属文部，且"损"字以"員"为声，"員"、"云"上古俱属匣纽，是"损"、"云"二字声韵俱近也。

甲本：以正之国，以畸用兵。

按："之"字传世本俱作"治"，依文义作"治"是也，此作"之"者，声之误也。"之"、"治"上古均属之部字，二字声纽亦近。

甲本：不敢进寸而芮尺。

按："芮"字乙本及传世本俱作"退"，此以

第　　页

“退”与“進”对言，作“退”者是也。《说文·艸部》：“芮，芮芮，艸生皃（《文选·西征赋》注引作“小皃。”）”其义於文无当，“芮”当作“退”声之误也。《说文》退之古文作“⿰彳内”，从彳，内声，“芮”字亦从内得声，是二字音近之证也。又《老子》甲本“是以圣人后其身而身先，”“后”字作“芮”，“芮”亦“退”字之讹也。

甲本：是以君子衆日行不离其辎重。

按：“衆”字传世本俱作“终”，乙本作“冬”，即“终”字之省也。此作“衆”者，声之误也。“衆”、“终”上古皆属章纽侵部字，声韵俱同，故“终”字讹为“衆”也。《论衡·知实篇》：“凡論事者違实，不引效验，则虽甘义繁说，衆不見信。”其中“衆”亦“终”字之误也。《文选·阮籍·咏怀诗》注引作“终”，不误。

20×15=300　　河北大学函授部稿纸

第　　页

五、形近而误不为段借说

形近相借之说其肇自金坛段氏欤？《说文、屮部》："屮，艸木初生也。象丨出形，有枝茎也。古文或以为艸字。"段氏注曰："或之言有也，不尽尔也。凡云古文以为某字者，此明六书之段借。以，用也。本非某字，古文用之为某字也。如古文以洒为灑扫字，……籀文以叏为車辖字，皆因古時字少，依声託事。至於古文以屮为艸字，以疋为足字，以丂为亏字，以侯为训字，以臭为泽字，此则非属依声，或因形近相借，無容后人效尤者也。"又云："言段借必依声託事，屮艸音类远隔，古文段借尚属偶尔，今则更不当尔也。"《疋部》："疋，足也。古文……亦以为足字。"注曰："此则以形相似而段借，变例也。"《丂部》："丂，古文以为亏字。"注曰：

20×15=300　　河北大学函授部稿纸

第　　页

"亏与丂音不同而字形相似，字义相近，故古文或以丂为亏。"《大部》："臭，古文以为泽字。"注曰："此说古文假借也，假借多取诸同音，亦有不必同音者，如用臭为泽、用丂为亏、用屮为艸之类。"

鄦君言"古文以为某"之例与"通人以为某"之例同。如"叓"下云"杜林㠯为麒麟字"，"構"下云"杜林以为椽桷字"，"导"下云："杜林以为贬损之贬"。此言杜林以为"叓"即麒字，"構"即"桷"字，"导"即"贬"字也。"古文以为某"者，古文视将某字看作某字也。此但广异闻，未尝言古文假借也。鄦君言"古文以为某"者，其来源甚杂，有因声近而误者，如"疋"下云"古文以为诗大雅字"是也；有因形近而误者，如"鼎"下云："古文以贝为鼎，

20×15=300　　河北大学函授部稿纸

第　　页

籀文㠯鼎為貝"。"丂"下云"古文以為亏字"是也。有同形而异字者，如"且"下云"𠀃，古文且，又以為几字"；"屮"下云"古文或以為艸字"是也。凡此種々，皆非叚借也。

鄭君自有言叚借之例者，若"韋，相背也。兽皮之韦可以束枉戾相韦背，故借以為皮韦。""鳳，神鳥也。鳳飞群鳥从以萬数，故以為朋党字"，此鄭君言叚借之例也。鄭君之叚借说条件有三：一為本无其字，已有其字者不与焉；一為依声讬事，声音不同者不与焉；三為义意相通，意无关涉者不与焉。至若"古文以為某"之例中，两字之間，或意不相属，或音不相同，且俱為已有其字者，此与鄭君叚借之例无一當者，余是以知"古文以為某"之例，非言叚借也。段玉裁误以"古文以為某"同於"故以為

第　　　页

某"、"故借以為某。"曰谓古字有形近相借者，自段氏形近相借说出，孫經世、朱駿声等人亦起而应之。孫氏有《说文解字叚借考》一文，見於王筠《说文释例》卷五。朱氏《说文通训定声》则多以形近而误者為叚借。如："錫，銀鉛之間也。"朱氏曰："叚借為鍚。《廣雅·释器》赤銅谓之錫。按即《诗·韓奕》鉤膺鏤鍚之鍚，字之误也。""錫"之与"鍚"，形近而误也，朱氏以為叚借。

非但鄭君未尝以形近而讹者為叚借，即古人注書，亦不曾以形近而讹者為叚借也。今仍以鄭玄《周礼》注為例，《校人》："八麗一師，八師一趣馬，八趣馬一驭夫。"注曰："八皆宜為六，字之误也。"《职方氏》："其浸庐维。"注曰："庐维当作雷雍，字之误也。"《大司寇》："五曰国刑，上願糾暴。"注曰："暴当為恭，字之误也。"夫"六"之作"八"，"雍"之作"維"，"恭"之作"暴"，皆以形近而致误也。郑君斥為字误而不说以假借，是也。

形近而误，若误字与正字音异者，人皆知其误也。如汉简2479："啇贾不垂其事"，《老子》甲本"夫伐司杀者杀"。其中"啇"与"商"、"伐"与"代"音异也，人皆知"啇"為"商"之误，"伐"為"代"之误也。若误字与正字音同者，其為误也，则不易為人所知，今更論之如次。

0016：死者不毐（毒），奪者不温。

按："温"為温水字，又為温煗字，其义於文皆不当。"温"当作"愠"，《说文·心部》："愠，怒也。"是其义。汉简作"温"者，缘二字形近

第　　页

而致误也。

0052：故一節痛百節不用同禮也。

按：吴九龙《银雀山汉简释文》释礼为體，是也。作“禮”者无义，形近而误也。

0453：其君至於失国而不牾，其士至於饥寒而不進。

按《文选·高唐赋》“陬互横牾”注：“牾，逆也。”其字《说文》作“啎”，《午部》：“啎，逆也，从午，吾声。”汉简无取於“逆也”之义，其字当作“悟”，《说文·心部》：“悟，觉也。”“悟”作“牾”者，形近之误也。

0580：孚如斧越，利如干将。

按：“斧越”字当作“戉”，其字甲文作“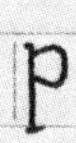（粹一一二〇）”、“（甲一二八一）”，金文作“（戉父癸甗）”，象斧钺之形。《说文·戈部》：“戉，

大斧也。"是其义。字经传多作"钺"。《書·顾命》："一人冕执钺。""钺"即"戉"之后起加旁字也。汉简斧钺字作"越"者，（越，度也；踰也，於文义无当），字之误也。

1024：使民毋疾役毋脩事□□……1046：不若脩德而侍（待）其乱也。

按：《说文·肉部》："脩，脯也。从肉，攸声。"《彡部》："修，飾也。从彡，攸声。"修治即饰义之引申也，其义当作"修"。汉简作脩者，形近而误也。经传修、脩二字多互见，亦以形近也。

《班馬字类》："《史记·司馬相如传》：中外提福。音支，安也。《汉書》作禔。"

按："《颜氏家训·书证篇》："《汉书》云：中外禔福。字当从示。禔，安也，音匙匕之匙，

第 页

义见《苍雅》、《方言》。河北学士，皆云如此。而江南书本，多误从手，属文者对偶，并为提挈之意，恐为误也。”颜之推谓“禔祓”字作提者为误字，是也。《说文、示部》：“禔，安福也，从示，是声。（《文选、难蜀父老》注引作“安也”）。”“禔”、“福”並言，同义複词也，作“提”於义无取，形近而误也。

《字汇》：“《汉書、食货志》：今歐民而归之农。《梅福传》：以为汉歐除。”並读作驅。”

按、《说文、欠部》：“歐，吐也，从欠、區聲。”其义於文不当。歐民、歐除字並当作敺，形近而误作“歐”也。《说文、馬部》：“驅，馬馳也。敺，古文驅。”《周礼》：“以灵鼓敺之，以炮土之鼓敺之。”《孟子》：“为渊敺鱼，为丛

第　　页

殴雀，为汤武殴民"。皆用古文者也。

《字類》："《汉书·地理志》：汝南慎陽。师古曰：字本作滇，音真，后误作慎。今有真丘真陽县。駰云：永平五年失印更刻遂误以水为心"。

按，师古、闞駰皆谓"慎"为"滇"字之误，而不谓借慎为滇，甚是。

《字類》："《汉書·楊僕传》：斬将騫旗。与搴同。《王莽传》：'騫衣'。"

按：《说文·馬部》："騫，馬腹墊也，从馬寒省声"。其义於文无當，字当作"搴"。《说文·手部》："攓，拔取也，从手，寒声"。其字經传多作"搴"，从手，寒省声也。《史记·叔孫通传》"斬将搴旗之士"，字作"搴"，不误，《楊僕传》作"騫"者，形近而误也。又"騫衣"字依《说

20×15=300　　河北大学函授部稿纸

第　　页

文》当作"攐"。《手部》："攐，摳衣也。"经传多省作"褰"。《诗》"褰裳涉洧"。《礼记·曲礼》"暑无褰裳"。此作"騫"者，亦形近而误也。

《字類》："《汉書·息夫躬传》：撓乱国家。《匈奴传》：易撓乱。呼高反。《晁错传》撓乱。師古曰：攪也，火高反。其字从手，一橈，曲也，弱也，女教反，其字从木。"

按：撓乱字當从手作，从木者於义无取，《汉書》"撓"或作"橈"者，形近而误也。古書从手之字多误从木，如《字類》引《汉书·楊雄传》"棍申椒与菌桂"，又"纷蒙籠而棍成自然也"，又"不可棍於世俗之目"。其中"棍"字皆当从手作"掍"。《说文·手部》："掍，同也。"是其义。

《字類》："《史记·孟荀传》：師尚修列

第　　页

一　士大夫之⿰垂夬。与缺同"。李增伯《补遗》：

《汉书·叙传》："戊实淫⿰垂夬"。

按："⿰垂夬"字从垂无义，其字当从缶作"缺"，《说文·缶部》："缺，器破也。从缶，夬声。"《汉书》作"⿰垂夬"者，垂、缶形近，因讹从垂矣。

《字类》："《史记·商君传》：不知自⿰桼阝之前於席也……⿰桼阝读作膝"。

按："⿰桼阝"当从卩作"厀"，厀乃膝之古字，作"⿰桼阝"者，形相近也。厀讹作⿰桼阝，遂与齐地之⿰桼阝同形矣。

《字类》："《汉书·严安传》：民不夭厲注，病也"。

按："夭厲"字本作"癘"。《说文·疒部》："癘，恶疾也"。《汉书》作"厲"，形近而误也。

20×15=300　　河北大学函授部稿纸

第　　页

"癘"讹作"厲"，遂与训"旱石也"之厲字同形矣。

以上所举诸例，皆为已有其字，但因形近而将甲字写作乙字者，凡此等字，皆为讹字，非假借也。

孙经世曰："六書之有假借也，本无其字，而依声託事，后圣所為济指事象形形声会意转注之穷，而通其用於不穷者，蓋舍是无由。（《说文解字假借考》）"夫字有不可勝造者，有不可以象形、会意等書造之者，有書時倉卒、不及造之者，於是假借生焉。假借之為"造字之本也"，虽未产生新字，然而[illegible]者？[illegible]但須依其声託之以事，即有新字之用矣。假借為六書不可或缺者也。至於已有其字矣，但因声近、形近而書此作彼者，既未产生新字，

第　　页

亦无新字之用，无益於汉字之健康發展，空自淆人耳目，此等字乃書写失误所致也，不可蒙以叚借之名。前人或谓"本无其字"之叚借為造字之叚借，谓"既有其字"之叚借為用字之叚借；夫字之造也，即為用也；以用之也，始造之也。造字之叚借与用字之叚借岂可强分乎。

七、既有其字之叚借說成因考

汉代以前文字学家、训诂学家俱以本无其字、依声託事者為叚借，而既有其字者不名叚借。謂既有其字，因音同、音近而将此字写作他字之用字現象為叚借者，蓋始於晉代杜預。

20×15=300　　河北大学函授部稿纸

《左传·文公十七年》："鹿死不择音。"杜注：音，所依荫之处。古字声同皆相假借"。此不别"本无其字"与"既有其字"，凡声音相同者皆可假借。《颜氏家训·书证篇》："太公《六韬》有天陳、地陳、人陳、雲鳥之陳。《论语》曰：卫灵公問陳於孔子。《左传》为鱼丽之陳。俗本多作阜旁車乘之車。案诸陳隊，並作陳鄭之陳，夫行陳之义，取於陳列耳，此六書为假借也"。此以本无其字、依声託事者为六書之假借也。又"《后汉書》云：鸛雀銜三鱓魚。多假借为鱣鮪之鱣，俗之学士，因谓之为鱣魚。……孫卿云：魚鼈鰌鱣。及《韩非》、《说苑》皆曰：鱣似蛇，蚕似蠋。並作鱣字。假鱣为鱓，其来久矣"。此又以既有其字，因音同而将此字写作他字者为假借也。颜氏直呼"既有其字"者为假借，"本无其字"者於叚借之上標以六書二字，后世分叚借為造字之叚借与用字之叚借，蓋濫觴於此。及至有清，則大开通、同、轉、叚之門，泛濫浩博，几疑天下无字不可通叚矣。

"既有其字"叚借说之成因，大要有如下数种：一曰誤解郑语。郑玄曰："其始書之也，倉卒无其字，或音以类比方叚借為之，趣於近之而已。受之者非一邦之人，人用其鄉，同言异字，同字异言，於茲遂生矣。"郑君说叚借，本与許君无异，許、郑俱以"本无其字"者為叚借之限也。世人多誤解"倉卒无其字"為既有其字，"临时写不出来，而不是本无其字（洪诚《训诂学》附注）。"因以郑君此语為既有其字叚借说之依据，不知郑君未尝以既有其字者為叚借也。（辨已見上文）二曰拘泥《说文》。古人用字，並不規范；随文造字，代皆有之。颜之推曰："吴人呼祠祀为鸱祀，故以祠代鸱字；呼绀为禁，故以糸旁作禁代绀字；呼盏为竹简反，故以木旁作展代盏字；呼镬字为霍字，故以金旁作霍代镬字。又金旁作患为镮字，木旁作鬼为魁字，火旁作庶为炙字，既下作毛为髻字，金华则金旁作华，窗扇则木旁作扇。诸如此类，专辄不少。(《颜氏家训·书证篇》)此言文字之变异也。文字变异，生成异体；异体若与已有之字形体偶同而义无涉者，是谓同形异体字。若魁斗字依《说文》当作"魁"。《斗部》："魁，羹斗也，从斗，鬼声。"以魁斗乃木製也，因变作木旁鬼。"魁"变作"槐"，遂与《说文·木部》训"槐木"之"槐"同形矣。又若几案之几，依《说文》本但作几，以几案为木製也，因几旁施木作"机"（字见汉碑《庄子·秋水》）。"几"变作"机"，遂与《说文·木部》之"机木"字同形矣。世人但见《说文》中魁斗字作"魁"，几案字作"几"，因谓"魁"之作"槐"、"几"之作"机"为既有其字之假借矣，此拘泥《说文》不辨文字流变之过也。三曰为圣人讳。当雕版术之未兴也，经传依手钞而得以留传，书经三写，讹误生焉。古书中多声近而误、形近而误之字，不足怪也；世人以古之经传为古圣先贤之述作，出於尊圣、为圣人讳之心，遂谓古书中声误、形误之字为假借矣。四曰不明六书。自篆书变作隶楷，汉字表意因素已趋衰弱矣。学者之说字也，但據《说文》而已。不知小篆去古已远，字形、字义不断变异，許君说解已多不得造字之恉者矣。若方圆字古或作"員"，

"員"即方圓之本字也。其字甲文作"[illegible]"，从鼎，上象鼎口之圓。小篆变作"員"，《说文》解作"物数也。从貝，口声"。不知貝即鼎之变而又误以象鼎口之圓形之"○"為从口（音圍）声也。《说文》因形以求义，形既不明，故释义亦不確也。世人不利用较篆书為早之文字材料，（若金文、甲骨文）而追溯字之初形、而探求字之初谊，但見《说文》方圓字作圓，而員為物数之义，因谓古书中方圓字作員者為段借矣。此小学不修，不明造字之旨之过也。

后 记

1978年3月，我有幸考入河北大学中文系学习。同班同学90多人，大家学习劲头儿异常高涨，课堂学习之外，班上根据个人兴趣，成立了若干个学习小组，当时我参加的是现代汉语学习小组，指导教师是华尔赓老师。从大学一年级到二年级上半年，我所读的课外书集中在现代汉语方面，重点是现代汉语语法学著作。到了大学二年级下半年，基本读完了中文系资料室现代汉语语法学藏书，开始转读古代文献，学习兴趣随之转向古代汉语。

进入大学三年级，开始校读诸子（《韩非子》《管子》《商君书》《论衡》等）；同时，就中学语文课本所收文言文疑难词语试做考释（部分习作编入《初耕集》）。到了大学四年级，开始写毕业论文，其时正读刘盼遂先生《论衡集解》，发现是书尚可补可正，便自拟《〈论衡集解〉补正》作为学士论文选题，指导教师是谢质彬先生，1998年河北教育出版社出版的《论衡校笺》以此为基础撰写而成。

1982年3月大学毕业留校任教，教授古代汉语课程。在备课过程中，认真阅读了王力先生主编的《古代汉语》教材文选涉及的原著，并对文选部分疑难词语做了考证，这些习作后来收入了《古代汉语词语考证》（河北大学出版社，1997年版）。

1984年9月，考入河北大学汉语文字学专业攻读硕士学位，指导教师是黄绮、谢质彬、程垂成三位老师。在攻读硕士学位期间，所读文献以文字学、说文学论著为主。进入研究生三年级，开始考虑硕士论文选题，初拟校理《说文》，以时间匆遽，中途辍止，临时改作《文字变易与古书通假》，论文写作用了三个多月的时间。这篇论文共分三部分，三部分既可统于一篇，又可各自成篇。第一部分篇幅最长（约占全文二分之一），以经费紧张、时间仓卒，未能复印，提交答辩的是论文的第二、第三部分。此次出版的《文字变易与古书通假》是硕士论文全文。

谢质彬老师是古汉语语法学、训诂学家，学风严谨，学问精深。在大学二年级末，经人介绍，我有幸拜识谢老师。在学习《古代汉语》和阅读古代文献中发现问题后，时常请教、就正于谢老师，每次都能得到谢老师点拨或称许。谢老师的指导和鼓励，坚定了我在古汉语领域耕耘的信心。1982年3月，在谢老师指导下完成了学士毕业论文，凭借这篇论文并经谢老师等人大力推荐，我得以留校任教。1984年9月考取河北大学汉语文字学研究生后，谢老师为我们这一届的学生开设了训诂学。谢老师授课，坚持“从教学中来，到教学中去”（即：以实事求是之精神，在教学实践中发现问题，选作自己的科研课题，经过深入研究，获取科研成果，然后运用于课堂教学，以收教学相长之效）。通过课堂学习，我不仅学到了具体知识，而且培养了发现问题的能力和严谨朴实的学风。如果没有谢老师多年的指导、鼓励和帮助，我很有可能没机会走上古汉语教学、科研的道路。

黄绮先生是著名学者、教育家、书法家。先生涉猎广泛，在汉语文字研究、诗词创作、书法、绘画、篆刻等诸多领域都有独到建树。1978年，先生在河北大学招收了首届汉语文字学专业研究生，1981年获得硕士学位授权；同年，先生调离河北大学，到河北省社科院工作。1984年，先生（与谢质彬、程垂成两位老师联合）

招收了第二届研究生（也是最后一届），这届学生除我之外，还有刘淑学、赵平安两位。由于先生在石家庄，我们三个学生在保定，入学第一年，先由谢老师讲训诂学，程老师讲音韵学，到了研究生二年级，先生集中时间，在石家庄给我们讲授说文学。先生以古文字材料治《说文》，讲授内容涉及字形、字音、字义，多为先生独到见解。在先生那里，我学到了汉语文字学具体知识和研究方法。先生提倡，研究汉字不能脱离汉语，研究汉语应坚持实事求是的原则、应有时间与地域观念，古文字需要研究而小篆以后的文字更需要研究。先生的这些学术思想对我影响深刻。

本书出版，得到河北大学传世字书与出土文字研究中心资助，河北大学出版社韩立霞编辑付出了辛勤的劳动，谨此一并致谢。

杨宝忠 谨记

2016 年 11 月 6 日